Arlina Segovia

Stanislaw Lewek Tomasek

Arlina Segovia

Stanislaw Lewek Tomasek

Mi padrino

JustFiction Edition

Imprint

Cover image: www.ingimage.com

Publisher:
JustFiction! Edition
is a trademark of
Dodo Books Indian Ocean Ltd., member of the OmniScriptum S.R.L Publishing group
str. A.Russo 15, of. 61, Chisinau-2068, Republic of Moldova Europe
Printed at: see last page
ISBN: 978-620-3-57532-3

ARLINA YARACARI
SEGOVIA
STANISLAW
LEWEK
TOMASEK
MI PADRINO

DEDICATORIA

Dedico este libro a Lewek por guiarme en mi crecimiento personal y formación educativa. Donde estés Dios te tenga en la gloria y yo desde aquí, desde el lugar de los vivos, te llevare siempre en mi corazón. Te amo Padrino.

INDICE

Prologo

Un hombre ejemplar, que luego de ser sastre y tener una vida feliz, le fue arrebatada, por causa de la segunda guerra mundial. Lo llevaron como prisionero de guerra a los campos de concentración, donde fue asesinada toda su familia, excepto a su esposa e hija. Este caballero por haber tenido el conocimiento en su arte, era el encargado de realizar los trajes a los generales nazis, le dieron el privilegio de poder sacar a dos integrantes de su núcleo familiar, de Polonia a Alemania, en definitiva perdió todo cuanto tuvo, desde sus bienes materiales, hasta sus seres queridos. Viéndose en la imperiosa necesidad de emigrar de su país natal; ya que estaba completamente destruida, para luego marcharse rumbo a Venezuela.

En este libro, además de presentar sus anécdotas, sobre lo que sufrió durante la segunda Guerra Mundial, realice un breve análisis en relación a lo ocurrido en aquella guerra, que acabo con la vida de millones de personas, miles de desplazados y sin contar las pérdidas millonarias (en bienes), también daré a conocer algunas hazañas de personas de ascendencias europeas que a pesar de haber sobrevivido no soportaron el látigo de los recuerdos y terminaron tomando decisiones equivocadas que llegaron afectar a sus seres queridos como (Suicidarse), estas personas, al igual que Lewek, emigraron a Venezuela y sufrieron aquel atroz acontecimiento mundial que dejo secuelas por largos años, causando un desprestigio hacia los Alemanes, por casi un siglo, haciendo responsable principalmente como autor intelectual a Adolfo Hitler; ni siquiera el fascista de Mussolini, quien en aquel tiempo gobernara en Italia y apoyara la Guerra a favor de la injusticia, tuvo tanto protagonismo histórico como lo pudo tener el Dictador Nazi .

Por otro parte ;hare una referencia de los momentos inolvidables que disfrute al lado de Lewek , al que considere un maestro de la sabiduría , un guía para mi preparación educativa y aquella figura de padre que cubrió el vacío en mí del cual jamás pensé que alguien lograría llenar, puesto que el hombre que me engendro no fue el padre ejemplar que yo hubiese querido. Fueron mucho los momentos que disfrute al lado de él; que si fuera obligatorio mencionar cada uno de ellos en este prólogo de manera detallada, hubiese tenido que hacer 2 libros en vez de uno.

Quizás Lewek Tomasek quiso ser el padre que no pudo ser con su hija por situaciones que escapaban de sus manos, lo comprendo y en parte tuve suerte que Dios nos cruzara en nuestro camino, mi intención desde el principio ha sido dar a conocer los momentos fuertes y dulces de Lewek Tomasek en este mencionado libro; siendo este un hombre cuya situación fue afectado psicológicamente y emigro a otro país, el superar esa transición no fue fácil; por el contrario los argumentos que el transmitía, tenía mucha lógica, siendo la Segunda Guerra más mortífera de la historia ,tuvimos suerte los dos; de su parte que él me halla encaminado y de mi parte hacia tomasek que no se hubiera suicidado; en resumidas cuentas la mayoría de las personas que pasaron por esta circunstancias sufrieron muchas depresiones y terminaron con sus vidas, en fin fue un hecho de gran magnitud que tuvo repercusión e influyo en la muerte masiva de civiles .

Luego de 23 años de la triste partida, de quien fuera como un padre para mí, sentí la necesidad de escribir un libro, de aquellos momentos memorables; que se van a quedar en mi mente, intactos como si hubiese pasado ayer, cada relato, cada hazaña, ciertamente algunos son recuerdos que lo atormentaron por largos años, como la Segunda Guerra Mundial. Sin embargo, no todo fue desagradable y esto lo veremos más adelante; en este libro, hay episodios que también marcaron a nivel emocional; en mi familia, como a mí en lo personal. Considero que soy parte de su historia y el también considerablemente, aunque no fui su hija siempre he tenido la concepción que **<<padre no es el que engendra sino el que cría>>. E**stoy convencida del amor tan inmenso que hubo entre nosotros. Quiero hacer mención que cada vez que me he esforzado, que me emprendo en la vida con mis proyectos, que logro mis metas y que encauso mis sueños, algunos realizados, otros han estado en curso principalmente este, han sido inspirados por mi padrino, no dejando de reconocer la entrega de mi madre: en lo que respecta a mi firma, en su momento fue de mi padrino decidí tomarla, era el momento, desde el cielo cada vez que la plasme, quiero que se sienta complacido; por decir uno de ellos, en relación a mi formación en casa; parte de ella se la debo a él , me enseño el valor de las personas , la familia, el respecto , la fidelidad ,lealtad siendo estos valores esenciales en la vida del ser humano por nombrar algunos de ellos ,hubiese querido que no pasara el tiempo tan rápido para disfrutar más, de los bellos momentos indiscutibles e inigualables. Recuerdo con tanta ingenuidad el vínculo tan estrecho, inofensivo e infinito, ahora que tengo a mi hijo, mi inspiración por quien luchar; aun con 4 años no dejo de expresarle las vivencias, las anécdotas quien lo diría salió igual a mí se repite la historia de aquella vez; cuando constantemente le hacía preguntas a mi Padrino, mi hijo debe saber en definitiva mi historia para comprender en un futuro la de él. En consecuencia cada página, palabra y letra nace de un amor muy profundo y único, ya que este libro es un homenaje. En resumen está dedicado a una sola persona <<Mi Padrino>>.

CAPITULO I

COMO LLEGO LEWEK A MI FAMILIA

Ocurrió en junio de 1975, cinco años atrás de yo haber nacido. Para aquel entonces mi madre tenía tres hijos; mi hermana mayor Angie a la que siempre he sentido un amor muy especial y los morochos que apenas tenían un año de haber nacido. Mis padres buscaban una casa para arrendar. Al centro de la ciudad .Por un momento se detuvieron en una fuente de soda, en compañía de un amigo de mi padre, que para ese entonces era JUEZ. Mientras conversaban en aquel lugar, se acercó un hombre, a la mesa, un poco mayor, en su aspecto se notaba tener rasgos de europeo, con la intención de saludar al letrado, en ese momento comenzaron a entablar una conversación:

_ ¿Cómo esta doctor?

_ ¡Hola amigo mío! Tiempo sin verte; yo estoy bien y tu ¿cómo estas con el trabajo de sastrería?

_ ¡excelente! Cada día haciendo más y más pedidos.

_ quiero presentarte a unos amigos. _ Le dijo el juez.

_Mucho gusto, me llamo Lewek Tomasek.

En eso mi padre y mi madre se presentaron

_Mucho gusto me llamo Armando Moreno

_y yo me llamo Angelina Segovia, un placer.

Una vez que se presentaron mis padres, el juez le pregunto a Lewek lo siguiente:

_Lewek necesito hacerte una pregunta; si está a tu disposición… sabes, que mis amigos están buscando una casa para arrendar, de casualidad ¿tú conocerás a alguien que arrende una casa?

_ ¡claro que sí! Yo tengo un inmueble, que me gustaría poner en arriendo, tomen, acá tengo las llaves de la casa, vayan mañana; si les gusta; se las alquilo.

Lewek se fue, dejando las llaves de la casa a mi papa. A mi madre le pareció muy extraño eso; en su mente pensó, que aquel hombre; o estaba muy confiado, por el hecho de que en cierta forma mi padre conocía al Juez; o era noble de sentimientos; porque es difícil confiar en una persona en menos de un día; no duro ni 10 minutos en el cafetín. Se despidió y salió del sitio. Mi padrino en aquel tiempo, dedicaba su trabajo de sastrería, principalmente en la realización de trajes para jueces y abogados, que eran sus principales clientes, en la zona de San Blas; un lugar que queda muy cerca al palacio de justicia; y aún existe.

Al día siguiente, mis padres se dirigieron al inmueble que mi padrino les ofreció, para que vivieran arrendados. Les pareció un excelente lugar y de inmediato lo llamaron para darle la noticia que iban hacer uso de la casa. Fue pasando el tiempo, mi padrino ya era parte de la familia y él, lo sentía de esa forma. Poco a poco se fue ganando la confianza y el amor de mis padres.

CAPITULO II

LA SOLEDAD DE UN HOMBRE NOBLE

Habían pasado dos años, de mi familia estar viviendo en casa de mi padrino, recordemos, que para ese entonces yo todavía no había nacido. Un día mi madre se disponía a pagarle el arriendo y se dirigió al local donde trabajaba la sastrería, mi madre se fue a las 6 de la mañana. Su negocio quedaba a una hora, de donde estaba la casa arrendada. Al llegar al lugar se dio cuenta que mi padrino abría la santa maría, para poder recoger una colchoneta, que aquel pobre hombre tenía sobre el piso, donde él dormía. Mi mama al darse cuenta de esta situación comenzó hablar con el:

_ Buenos días Lewek

Con un tono muy a lo europeo él le respondía

_Buenos días señora Angeliiina

_Disculpe si soy un poco indiscreta; pero no entiendo porque razón duerme en este local, encerrado, sin ventilación y de paso con una casa tan grande y cómoda, como las que nos alquiló ¿Por qué razón nos la dio en arriendo, si usted vive en estas condiciones?

El, muy triste y con lágrimas en los ojos, respondió:

_ Lo que sucede Angelina es… que es muy difícil vivir en una casa tan grande, solo, sin una compañera, familiar, o un amigo. Cuando mande a construir esa casa, lo hice para sentirme cómodo, tranquilo y feliz, pero no fue así, los fantasmas del pasado me atormentaban con los recuerdos de todo aquello que perdí durante la guerra, por mi memoria vienen imágenes, de cuando mi madre estaba en la cocina, haciéndonos la cena, o cuando hacia todos los oficios, para que yo no hiciera nada. Y cada vez que despertaba, entre tantos recuerdos, que solo forman parte del pasado y descubría que estaba en una casa vacía… sola, me ponía a llorar, por esa razón tome la decisión de vivir en estas 3 paredes y una santa maría, porque siento que estoy viviendo sin nada que me mate, más de lo que ya estoy muerto. Porque cuando te matan a los seres que tanto amas, una parte de ti también muere.

Mi padrino, al decir aquellas palabras tan tristes, mi madre sintió mucha compasión por él y se preguntaba, cómo un hombre de 70 años, podía tener una vida tan sola, miserable y mantenerse vivo para sobreponerse de aquellos recuerdos, que si bien fueron muy gratos, se convirtieron en cenizas que se desvanecieron a consecuencia de los estruendos, por las bombas que lo dejaron sordo de un oído, pero que acabaron con mucho de sus compatriotas y prácticamente toda su familia. Mi madre tomo una decisión en el momento, diciéndole:

_Te tengo una propuesta: Recoja todas sus cosas y se viene a vivir con nosotros. En la casa hay un cuarto libre, si usted lo desea, está a su disposición. No se preocupe por el arriendo, que yo igualmente le pagare, lo que habíamos tenido pactado. Si lo desea, usted puede colocar su sastrería allá, por mí no hay ningún problema.

Lewek se sintió como niño huérfano, cuando encuentra padres adoptivos y sin pensarlo dos veces, dijo:

¡Fantástico! ¡Hoy mismo buscare mis cosas y las llevare a la casa!

Estuvo muy feliz con la idea, y se fue a la casa, para vivir con mi familia.

CAPITULO III

MI FAMILIA CONVIVIENDO CON MI PADRINO

La convivencia de mi familia con mi padrino, fue muy tranquila, mi madre nos contaba, que la mujer con la que tuvo su único hijo en Venezuela, llamado Ricardo; era una mujer muy atractiva, que mantuvo un simple romance, en el cual nace este niño; que con el tiempo fue creciendo con un resentimiento a la vida, a tal punto que llego a estar con problemas de droga, a sus 20 años. Esta mujer iba todos los 15 y ultimo de cada mes, para que Lewek le diera el dinero, por motivo de manutención. Había una persona que con el tiempo supe, tenía un romance con mi padrino. Ella era muy hermosa, de piel blanca, senos grandes, ojos claros y con un gran trasero, se llamaba Rosa, según mi madre; me comentaba que él le pedía a ella permiso para hacerla entrar al cuarto y de esta forma llevar relaciones. Con el pasar de los años, yo me percate de esta situación, pero este tema lo estaré refiriendo en un capitulo expresamente dedicado a ella. Mi padrino, se ubicó en una división que tenía la casa; como era muy grande, opto por vivir en la parte del garaje, donde coloco su sastrería, cabe añadir que mi padrino era un sastre de primera, el local que monto en la casa, estaba ubicada en una comunidad llamada Tarapio, municipio Naguanagua del estado Carabobo, ciertamente no era una zona tan comercial como lo pudo ser, la zona de san Blas, a pesar de todo, le llegaban muchas personas. Tanto así, que logro tener una gran cartera de clientes. En una semana ya tenía su negocio bien organizado. Él era un poco fuerte de carácter. Sin embargo todo iba muy bien.

CAPITULO IV

MI NACIMIENTO

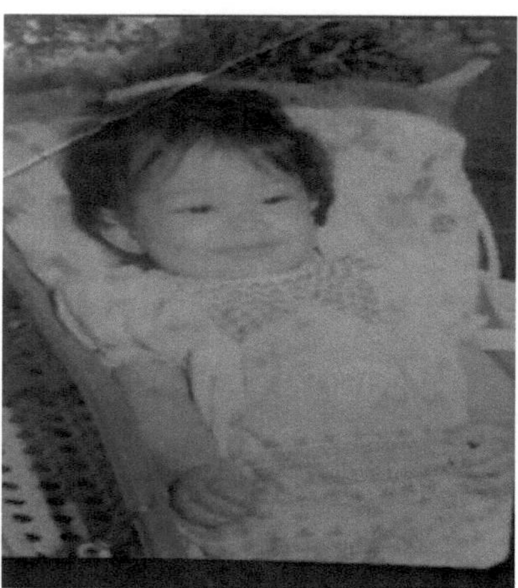

El 24 de agosto de 1980, nací. Ese día, mi padrino me esperaba ansioso en la casa que él, nos había alquilado, en compañía de mis hermanos. Mi madre me dijo, que mi hermano Domingo, que tenía 6 años para aquel entonces, había dicho: ¡si es negra y fea no entra a la casa! Mi familia lo que hacía era reírse, pero cuando me vio para mi suerte, en ese momento me veían clara de piel... jajajaja, cuando me vio se cautivó; diciendo ¡Es hermosa, si entra a la casa! Mi padrino con el tiempo me dijo, que desde el primer momento que me vio quedo cautivado, a su vez diciendo: ¡ay pero que pequeñita bebe! Se parece a un grano... que se come en mi país; Polonia, llamado "PECHUCA" .Y por esa razón, así me decía el, estando yo más grande. En lo que respecta a mi padre, fue el único momento que él estuvo a mi lado, para contemplarme; puesto que por ser un hombre mujeriego, a los 2 años, de haber nacido, se marchó con otra mujer; para ese entonces mi madre tenía 1 año y 4 meses de haberse mudado de la casa de lewek. No obstante, nunca se perdió el contacto. Mama iba o el venía a visitarnos en nuestro nuevo hogar.

CAPITULO V

MI BAUTIZO

Llego el gran día , fue una alegría inmensa para los dos, ansiaba ser su ahijada , él fue aquel padre que nunca tuve , ese amor que uno como hija queda buscando con los años ;él lo lleno definitivamente ,me compro una linda ropa para la ocasión ,me vestí como si me iba a casar ,supe la emoción que él tenía al momento de vestirse, se veía elegante entramos a la iglesia mi hermosa madre , mi hermana la mayor y en ese momento se convertía en mi madrina oficial cabe destacar que yo siempre quise que ella fuera mi madrina y cerraba con broche de oro entrando a la iglesia mi bello viejito ,estaba hermoso vestido y yo orgullosa de recibir el bautizo ya que mi mama se tardó en bautizarme ,ella no era muy creyente de la iglesia ,ni de bautizar ciertamente, mi padrino le pidió el bautizarme porque el insistía en ser mi padrino y yo quería que de hecho fuera así , hablamos del asunto y él se emocionó sobre manera ya que de mis cinco hermanos solamente mi hermana mayor la habían bautizado, y la próxima iba hacer yo ,una vez adentro se inició la ceremonia protocolar como en todas las iglesias, luego culminado el padre procedió a llamarnos para el respectivo bautizo , ya que no había muchas personas en la iglesia ,nos acercamos, lógicamente que el padre pregunto a mi madre:

_ porque había tardado en bautizar a la niña insistió, mi madre asintió y dando la razón al padre le dijo:

_ Que no tenía los padrinos indicados para llevarlo a cabo .En el momento que proceden a colocarme el agua bautismal, el padre pregunta:

_ Cómo se llama la niña a bautizar; responde mi madre:

_ Arlina Yaracari, el padre sin menoscabo dijo:

_ te mataron con ese nombre niña ; asombro para la familia que ese señor siendo un cura se refiera así , mi padrino como no oye , mi mama le comento lo sucedido y se enfureció mucho se puso rojo , pero mi mama y yo lo calmamos un poco , el cura termino con el acto protocolar y nos sentamos por un breve momento ,culmino con la misa del día ,procedimos a retirarnos de la iglesia ,mi hermana y lewek ya eran mis padrinos oficiales muy alegre salimos aunque hubo un pequeño percance que decidimos no darle importancia , ya que fue un poco imprudente como lo pudimos observar ,una vez listo decidimos regresar a la casa y hacer un pequeño compartir en familia donde comimos muy rico.

CAPITULO VI

CONVIVIENDO CON MI PADRINO… CONOCIENDO SU HISTORIA

Mi padrino estaba muy triste, lloraba en silencio, no tenía un control de sus emociones, a sabiendas que él no era hombre de llorar. Esto comenzaba a suceder, después que mi madre se muda a la casa, donde hasta la actualidad he vivido. Años más tarde, cuando comencé a crecer, yo tenía 10 años de edad, mi madre me pregunta, si me parecía bien la idea de compartir con mi padrino, pero eso sí, me dijo ¡cualquier cosa anormal, fuera de lo común, que usted vea que pase, me lo dice! Yo estudiaba cerca de mi casa, pero mi padrino logro convencer a mi madre que me cambiara de colegio, diciéndole:

_ Angelina esa niña tuya es muy bonita, para que esté estudiando acá, con esas niñas y niños traviesos y con resentimiento social, ¿porque no la inscribes en la escuela que está cerca de mi casa? Yo la busco. Y así comenzó todo, empecé a estudiar en esa escuela, que quedaba a pocos metros de su casa. Con mucha alegría, yo le dije que sí, ya que él era una persona muy dulce y cariñoso conmigo. Al día siguiente, salía de la escuela, una vez que sonaba el timbre, él era quien me iba a buscar, se veía como la primera persona que aparecía en la puerta del colegio, con una cara de emoción, como si fuera una dulce poesía. Había mucho afecto de parte y parte. A mí me causaba mucha felicidad, el que, él estuviera cumpliendo el rol de padre, por decirlo de cierta forma. Cada vez que llegábamos a la casa, me tenía mi comida preferida, que es: bisteck frito, papas fritas, ensaladas con arroz y de bebida me compraba Pepsi, cuando no tenía el ánimo de hacerme jugo. También me hacia mi ensalada de frutas.me compraba en grandes cantidades compotas, galletas de todas las variedades, chocolates de potes. El escaparate estaba lleno de todo lo que desearía comer un niño. Una vez que terminábamos de almorzar comenzábamos hablar. Busco un álbum entre sus cosas personales; donde tenía fotos de su familia, novias y amigos que tuvo en Polonia, recuerdo que me dijo:

_Pechuca te mostrare este álbum.

Comenzó a enseñarme la foto de su mama, tenía una belleza muy pasiva, era una mujer de contextura rellena, no dejando de ser una dama atractiva, el padre, se mostraba ser un hombre apuesto pero con un rostro contraído, mirada seria y su forma de vestir, muy elegante; de la época, llevaba colocado un sombrero. De sus hermanos recuerdo muy poco porque eran muchos. Ciertamente, se mostraba en imágenes con varios amigos, por tanto el salía abrazándose y riendo con mucho agrado, sus pantalones de vestir eran antiguos. Y me llamo la atención, las novias, que llego a tener y la esposa, eran mujeres muy bellas todas. Recuerdo que siempre le llegue a pedir el álbum para deleitarme contemplando sus bellezas, las mujeres se recogían el cabello de una forma muy elegante, llevaban consigo hermosos sombreros y algunos tenían adornos, lazos, flores unido a un excelente maquillaje, que las hacía verse muy sensuales. Luego de haberme mostrado el álbum, me daba un pequeño, pero interesante resumen de su vida, todo esto, en compañía de una jarra de vidrio, que contenía café; muy caliente, con el que nos deleitábamos tomando los dos, por otro lado, tenía un cigarrillo, que en algunas ocasiones mi padrino le gustaba fumar; siempre procurando que fuera del más caro, que hubiera en el mercado, para luego contarme; dependiendo del momento ,sobre todo; el antes, durante y después, de su vida, en relación a la segunda guerra mundial. Sin embargo me relataba anécdotas; de cuando era tan solo un niño, en algunas ocasiones hacia muchas travesuras, me dijo, que como vivía en una zona apartada de la ciudad; un campo, en el cual muchas personas cultivaban y también tenían animales, eran extensas granjas, el recorría con sus hermanos, hasta muy lejos de su hogar, apartándose por horas de la casa. Un día que su padre se apersono, más temprano de lo normal, se enteró que él, en compañía de sus hermanos, no había llegado. Su papa se molestó tanto que busco un rejo para pegarles, tanto a él, como a sus hermanos, lo que a mí me causaba mucha risa de aquella historia de su niñez, era que le pegaron a todos los hermanos, pero menos a él, ya que corría para que su padre no lo agarrara y volvía ya en la noche, el progenitor de este , se le había olvidado todo, o se le había pasado la rabia, por consiguiente al regresar en la noche, ya estaba la cena lista, 4 horas después del castigo, que le hicieran a los otros hermanos; su padre le decía:

_ ¿tú te me habías escapado verdad? "Como no tengo ganas de pegarte porque estoy cansado, tu castigo será, que no vas a cenar hasta mañana". Luego de que todos cenaran, su madre esperaba que el papa de mi padrino, se durmiera; a fin de cuenta, con premura le llevaba la comida a donde él dormía. Mi padrino amaba mucho a su madre. En la casa nunca faltaba el alimento; de hecho, su padre había construido un sótano, para guardar la comida en grandes cantidades. Estas reservas cuando llego la segunda guerra mundial, les sirvieron para abastecerse por un tiempo prolongado.

Al pasar el tiempo, llegando a su adolescencia, se reunía con sus amistades, comenzó a conocer jovencitas, que gustaban de él, puesto que tenía muy buen físico durante su juventud, así fue que logro conocer a su primera novia, una joven de buenos modales y de una belleza muy jovial; esta relación duro solo dos años, con el tiempo volvieron y luego… en definitiva se separaron, ya que la muchacha se fue de aquel lugar, con su familia. Mi padrino solía ser un poco enamorado.

Posteriormente, que mi padrino terminaba de contarme las historias, él me decía:

_ Pechuca ¿te ha gustado la historia que te he contado?

Yo le contestaba:

_ Si padrino, mañana me sigue contando un poco más de sus aventuras en Polonia.

Y así, conforme pasaban los días, él siempre me contaba algo nuevo, algo diferente.

ROSA LA QUE LIMPIABA

A los días de empezar mi estadía en casa de mi padrino conocí a una señora llamada Rosa, quien había mantenido amoríos con LEWEK, como lo mencione anteriormente. Tenían un romance mucho antes, de que yo naciera. Era muy agradable, limpiaba la casa y planchaba la ropa de mi padrino. Recuerdo que en la parte del estacionamiento, en consecuencia existió un baño de 4 paredes, ciertamente sin techo, ella me dijo:

_ ya vengo pechuca, voy al baño.

Yo busque la llave y la encerré, una vez que termino de hacer sus necesidades, creyó por un momento que la puerta se le había cerrado y empezó a gritar, diciendo:

_ ¡pechuca ábreme la puerta!

Yo la deje por un buen rato gritando, ya cuando me había cansado de dejarla encerrada, me monte en una de las paredes del baño, porque no tenía techo, para hablar con ella y le dije:

_ ya hiciste popo ¿no vas hacer más nada?

_ ¡si chica; ábreme la puerta que tengo que salir!

Al rato le quite el cerrojo, ella estaba muy enojada conmigo y le conto a mi padrino lo que había ocurrido, la reacción que él tuvo, fue reírse, porque yo también le hacía lo mismo, en el baño que estaba adentro de la casa ciertamente le quitaba las llaves para llevar a cabo mi tremendura.

EL PERRO DANI.

Un día amaneció el perro Dani con malestares de vomito nos angustiamos y estaba nerviosa que le pasa a nuestro perro, era un buen guardián, recuerdo que con la nariz movía el envase dónde le dábamos la comida .Mi padrino y yo lo bañábamos con su champú de mascota quedaba hermoso, tenía su propia sábana, era muy obediente, jugábamos a la pelota siempre me la daba en la mano, Dani era un pastor alemán, mi familia y allegados comentaban que esa raza de perro es muy inteligente. Regrese a la casa de mi mamá, yo tendría apenas unos 10 u 11años cuando eso paso, en consecuencia al día siguiente; mi padrino llegó a la casa de mi mamá en un carro blanco que él tenía , ya que había fallecido el perro ,en resumen lewek le pidió el favor con respecto a ; enterrar el animal en el terreno de la casa ,mi padrino llegó muy triste no paraba de llorar a mi entender pude percatarme que después de vivir la segunda guerra mundial en carne propia quedó sensible y revivió aquellos momentos tan trágico para él , fué muy duro verlo sufrir de esa forma, no logro concebir como hay personas tan malévola; las consecuencias fue que Dani murió en extraña circunstancia se presumía que los ladrones para poder entrar a la casa le colocaron veneno para rata o algo similar ; "como hecho casual " se metieron en el garaje de la casa y hurtaron una manguera de agua que se utilizaba para regar las matas y lavar el carro ,le quitaron la batería del vehículo ,una máquina de coser que él tenía arrumada y unas herramientas para trabajar en la mecánica .

LA ROPA QUE ME COMPRABA MI PADRINO.

Lewek, se preocupaba mucho por mí, sabía que me veía como su hija, aquella que él tuvo y que no pudo disfrutar ,en el fondo me dio el amor que sentía y no podía retribuir en su hija que tenía en Alemania ,no estaban juntos motivado a lo que ya sabemos , sin embargo, me siento satisfecha hoy en día por la entrega, el nexo que existió fue inolvidable e indescriptible, mi vida tuvo un impacto con la llegada de este hermoso personaje, como lo fue mi padrino , el salió de compras no me imaginé que cuando yo llegara de la casa de mi mamá tendría la cama llena de ropa nueva ,me sentí emocionada tenía unas blusas muy de niña bien bonitas de acuerdo a su gusto , una docena de pantaletas con su sostén de niña de 12 años ,medias para el colegio ,un par de sandalia con una lazo blanco que jamás olvidare , faldas con motivo infantil, quien iba a tener esa acción de amor y atención ,si el padre que tuve nunca hizo ese gesto de amor tan hermoso ,lo recuerdo como si fuese ese día y esa mirada tan bonita y sincera lleno de alegría entregando me la ropa y esperando mi reacción, eso no se puede olvidar cada vez que recuerdo se me salen las lágrimas de alegría que bello padre tuve ;caramba si así fuera todos los padres del mundo , no existiera tanto resentimiento de hijos con traumas ,el índice delictivo no fuera tan evidente en la sociedad .Yo no tuve un padre como él y siento que lo valore más, que su propio hijo que le dio todo y poco el valoro. Tantos años de sacrificio de mi padrino para con ese joven en aquel tiempo fue en vano, ya que todo lo que obtuvo Lewek, Ricardo "hijo" lo derrocho por su inmadurez y poca capacidad de su mama para encaminarlo, proyectar el dinero que le dejo para un negocio que pudiera prosperar, pero la mala ambición con su mente escasa hizo que tomaran decisiones equivocadas hasta llegar al fracaso.

CUANDO MI PADRINO NOS LLEVÓ AL ZOOLÓGICO.

Fue una mañana soleada , todos mis hermanos estaban arreglándose para un gran paseo con mi padrino , yo siempre me levantaba temprano porque cuando decían que había una salida ,para mí era un festín ,una algarabía , aún no sabía hacía dónde nos dirigíamos, en el camino comentaban que era una especie de parque pero no podíamos bajarnos del carro; en el trayecto lewek coloco un casete donde cantaba Roció Durcal y el otro era de Juan Gabriel, eran los veintiunicos a veces me obstinaba y le preguntaba :

_ Lewek no tiene otro casete que no sea el mismo. Y el me respondió:

_ pechuca… entienda que esos son los únicos que tengo y los que me gustan.

Yo entre la música y la cara de tristeza de él lo que hacía era ponerme a llorar. Jajaja. Qué ironía, mi padrino no le gustaba estar solo porque según él los recuerdos lo mataban ,pero se ponía a escuchar canciones de los reyes de la tristeza, cuando llegamos al sitio me percate de un letrero en grande que decía **"ZOOLÓGICO"**; este tenía la particularidad de ser distinto por el simple hecho de tener los animales sueltos en una especie de selva, lo que disfrutaban del lugar tenían que poseer un carro para apreciar de aquella majestuosidad, categóricamente pude observar muchos leones, monos, jirafas ,ardillas , iguanas. De toda clases de animales yo estaba deslumbrada ,mi padrino cuando vio un mono adentro del carro casi choca nos dió un poco de risa , pero no se percató que los
leones querían subirse en el techo del carro ,cuando lo vimos a través del vidrio como se estiraban para subirse ,una vez que lograron hacerlo más nerviosa me puse y mis hermanos también , mi padrino no sabía controlar dada la eventualidad que consternó mi cabeza y las de mis hermanos, se me salieron las lágrimas, esta vez del susto. " ese día fue el colmo para mi existencia , primero lloro por la música de los cantantes antes mencionados y luego porque creía que iba a morir comida por un león jajaja ,creo que fue viral porque el carro se sentía el ruido incesante de unos infantes sollozos aunado al ruido de aquellos animales, al principio estaba todo bien, el carro tenía hasta (quema cocos) que es una especie de ventana arriba del techo ciertamente la abrimos para que yo saliera a divertirme ya que soy la menor de mis hermanos , no creíamos que esto podría suceder ,la supervisión no se llevaba a cabo en el sitio o se descuidaron , recuerdo que adelante de nosotros también pernotaban otros carros y subieron los vidrios enseguida , todas las personas que tenían vehículo estaban impresionadas por la magnitud de tal acontecimiento, hasta que al fin llegaron personas expertas que pudieron controlar dicha situación , pudimos ser una merienda agradable para aquellos leones ya que el estado de desnutrición fue evidente, se ubicaba en Campo Carabobo ,ciudad de Valencia, Venezuela, actualmente ya el lugar no existe porque hubo un percance que por estar pequeña no quisieron contarme,

actualmente considero la falta de alimentación para aquellos animales y es entonces cuando digo el extinto de cazar es muy común en ellos porque exponerlos al público causando un daño para lucrarse da irá y frustración, ellos no saben que traman los seres humanos, a veces los seres vivos "animales" buscan la sobrevivencia porque es su naturaleza .

UN SUCESO INESPERADO EN LA ESCUELA

En la esquina se visualiza la casa de Lewek (Mi Padrino) pintada de verde con rejas blancas, diagonal a esta se encuentra la escuela, de portón negro y la puerta principal de marrón.

Me dirigía con mucha felicidad a la escuela, como todos los días, cantamos el himno nacional. Posteriormente entramos al salón, la maestra dio inicio a las tareas del día, como a las 9 de la mañana la maestra salió por un momento, del salón de clases, segundos después, se levantaron algunos niños del pupitre, para bochinchear, comenzaban a correr en círculo, de un lado al otro, de repente una niña me tropezó en el lugar donde estaba sentada; yo muy molesta, le grite diciendo: _ ¡tú eres bruta niña! ¡Es que tú no ves!

Ella escucho mal mis palabras y me dijo_ ¿Cómo me dijiste? ¿Me dijiste puta?

Yo enseguida le respondí _ ¡yo no te he dicho así chica! ¡Yo te dije bruta!

_ ¡bueno yo escuche así! ¡Prepárate, que en la salida nos agarramos!

No le hice mucho caso, hasta que al sonar el timbre de salida una cantidad de niños me seguía, cuando me disponía a irme para la casa de mi padrino, ya que mi padrino no llegaba aun, cuando estoy casi que cruzo la calle, me rodean todos los niños, que gritaban diciendo:

_ ¡pelea! ¡pelea! La niña busca pleito me empuja y me dice ¡dale pues! ¡Vamos a darnos! ¡Dale pues! ¡Vamos a darnos! Repetía esa palabra constantemente. Como cosa de Dios, para mi salvación, en ese momento llego el hijo de mi padrino llamado Ricardo, del cual más adelante referiré un capitulo. Y dijo con tono muy fuerte; ¡que pasa aquí! Yo le respondí enseguida diciendo:

_esa niña me quiere maltratar.

Ricardo enseguida respondió:

_!aquí no quiero nada de peleas! ¡Así que se me van todos! Los niños se comenzaron a retirar pero cuando mi padrino se percata de la situación, en tono fuerte dijo:

_ ¡se me van de acá, no los quiero ver cerca de aquí! ¡O llamare a sus padres! Eso fue suficiente para que no quedara nadie en la calle, todos los niños se fueron de inmediato del lugar.

Ese día Ricardo fue especialmente a buscar el dinero que le daba mi padrino, por motivo de manutención,. Se quedó un rato, con la intención de decirle a mi madre lo sucedido, de tal manera que ella reclamara esa situación irregular en la escuela, ya que él decía que a mi padrino por ser viejo, se le podía olvidar. Así paso, le dijo a mi madre ella a su vez reclamo esa situación en la dirección y estos a su vez llamaron a los padres de la niña para que estos reprendieran a la niña y también me ofreciera disculpas por lo sucedido. La niña al día siguiente se arrepintió y dijo:

_ Disculpa Arlina por lo que hice, me equivoque, tú en ningún momento me dijiste puta, yo lo hice para molestarte.

Me quede por un momento en silencio y la maestra luego me dijo:

_ te está ofreciendo disculpas Arlina ¿no piensas aceptarlas? Yo le respondí _ está bien, pero que no vuelva a suceder. Desde ese momento todo quedo en paz, la niña buscaba relacionarse conmigo pero yo no tenía mucha confianza en ella.

MIS TRAVESURAS MÁS LOCAS

Las travesuras que llegue hacer en casa de mi padrino Lewek las llegaba a ejecutar casi siempre cuando él tomaba sus siestas, luego del almuerzo. Una vez tome las llaves que estaban dentro del bolsillo de la camisa que llevaba puesta, muy a menudo la guardaban en el bolsillo de la camisa, que eran del armario, donde se encontraban el suiche del carro. Fui sigilosamente las tome, abrí el closet busque y allí estaba en una cajita pequeña, yo quise hacer esto porque su hijo, quien iba en algunas ocasiones a la casa. Lo hacía para escuchar música. Fui pase el suiche y comencé a escuchar música, pero me dio por inventar moví una palanca, ese vehículo arranco de retroceso, como el carro era automático sucedió eso. Choque la pared del estacionamiento de la parte de atrás. Me puse tan nerviosa, que apague todo e inmediatamente guarde las llaves en su lugar, lo único que no pude poner en el mismo sitio fue el carro, jajajajaja. Al rato mi padrino se levantó vio todo normal excepto por el carro que no estaba en su lugar. Y dijo:

_ ¡pechucaaaaaa! "CURVA DIEGOVINA" Yo lo que quería era que me tragara la tierra ese día, sabía que estaba enojado esa palabra la decía cada vez que se molestaba por algo. Al escucharlo salí corriendo y el detrás de mí decía:

_ ¡no corra, venga acá! Como no le hacía caso busco la correa, yo me encerré en un cuarto y me coloque debajo de la cama, toda asustada, estaba temblando ya que primera vez que veía a mi padrino tan molesto conmigo. El busco las llaves del cuarto, en ese mismo momento llego mi mama, me dije; ¡me salve! Él le dijo a mi mama donde estaba yo, enseguida mi madre dijo:

_salga de ahí, yo Salí, al rato mi padrino hablo con mi madre diciendo de forma de picada de ojo que no me volviera a llevar para su casa, por lo que había hecho. Al día siguiente volví, como si no hubiera pasado nada, el me pidió que no lo volviera hacer ¡borrón y cuenta nueva! jajajajaja.

Otra travesura que hice era cuando estábamos al frente de la casa, parados en la acera de la calle. El saludaba a las personas, estaba muy entretenido, yo me fui colocando hacia atrás, lentamente, sin que él lo notara, cuando tuve la oportunidad, cerré la puerta de la reja que quedaba en la fachada de la casa y me oculte detrás de la puerta que permitía el acceso al inmueble. Cuando voltio hacia atrás, se percató, que se había quedado en la calle, de momento pensó que la puerta se había cerrado sola y comenzó a llamar ¡Pechuca! ¡Ábreme la puerta! ¡Pechucaaaaaa! ¡Ábreme la puerta!

Yo estaba riendo, no paraba de reír; Lewek no paraba de llamar; hasta después de media hora, que Salí; el al percatarse que me estaba riendo me dijo:

_ ¡porque me dejaste afuera! ¡Eso no se hace! ¡Poniéndome en ridículo ante los transeúntes, que se burlaban al verme gritar!

Yo no paraba de reír, tanto así; que a él se le quito la rabia y lo que hacía era reírse también. Ese día cuando llego mi madre a buscarme se lo conto, pero lo que hizo fue reírse de todo.

CAPITULO VII

EL LIBRO QUE MI PADRINO ME REGALÓ

Libro ilustrativo (incompleto) que tome prestado de la biblioteca de mi mama sin embargo el que me obsequio lewek no trae imágenes siendo el autor Mario Puzo.

Estaba viendo la televisión, mientras lewek leía el famoso libro llamado el padrino; escrito por Mario Puzo. Siendo una niña, llena de curiosidad, dejé por un momento de ver las comiquitas, para acercarme a él y preguntarle:

— ¿porque lee tanto?
se rio y me responde dulcemente:
—yo leo pechuca; porque el leer te abre los sentidos, te ayuda a ser más inteligente, ver la vida de una forma mucho más bonita.

Yo en mi mundo de inocencia; "DE NIÑA" pensando, que esa sensación tan bonita, la generaba ese libro que en sus manos tenia, le respondí:

—yo también quiero tener esa sensación, ¡Regáleme ese libro¡

—¡pero pechuca! ¡Esa lectura es muy fuerte para ti! .Yo dejándome llevar por la pasión de él, hacia esa lectura y pensando a su vez, que el libro por llamarse "El Padrino" ,guardaba algún parecido con el vínculo afectivo, que existía entre él y yo; quise desesperadamente que me lo regalara y le seguía diciendo

—¡regáleme ese libro! ¡Quiero ese libro!

El me respondió.

— pechucaaa ese libro no guarda relación conmigo. Pero...si lo va a leer; ¿si quiere leer el libro?

Le respondí — ¡Si lo voy a leer!

—vamos a ser algo; se lo voy a prestar; si le gusta;
¡se lo regalo!

Mi padrino cometió la peor estupidez de su vida, o la más grande inmadurez;

"digo yo". Por entregarme ese libro que termine de leer en una semana; quede traumatizada; durante un mes y medio, jajajajajaja. Me preguntó, que me había parecido, le dije que me hizo llorar, en el momento que se murió Víctor Corleone; y llore aún más cuando asesinaron a Sony Corleone. Y por mi inmadurez (porque no es bueno sentir felicidad, por la muerte de una persona) tuve una sensación de satisfacción cuando asesinaron al esposo de Conni Corleone, porque era una persona muy despiadada, maltrataba a su esposa y había mandado a asesinar a su hermano. Ellos eran tres hermanos, Soni Corleone, Michael Corleone y Conni Corleone, sin incluir a Tom; que lo había recogido Sony de la calle, ya que era de buen corazón en algunas cosas jajaja.

Cuando le conté todo esa información, se emocionó tanto, que me regalo el libro; diciéndome:

— ¡Pechuca, este libro de ahora en adelante será suyo! ¡Así que ni lo preste, ni lo venda, ni se lo vaya a regalar a nadie, porque si lo hace... ¡ quizás sea la última vez que lo vea! , a fin de cuenta las personas por más que usted le haga bien, terminan pagándote mal.

Desde aquel día he conservado el libro; lo he leído en tres ocasiones, la primera vez, en el momento que me lo dio, en el año 1992, tenía 12 años, la segunda vez, en el 1996 cuando estaba en mis 16 años y la tercera vez, en el año 2001, tenía 21 años de edad.

Aunque mi padrino, se comportaba como el padre ejemplar, que nunca tuve, hubo casos, como el de esta historia que me parecía; como si estuviese compartiendo con un niño más. Por otra parte, en un determinado momento me regaló una pistola de dama, diciendo que me la llevará para que me defendiera, pero ¡que no le dijera a nadie! Tenía esa misma edad, sentía que la gente me perseguía por lo que llevaba en el bolso, veía a los policías en la calle y me daba temor, que me fueran a encarcelar. Hasta que llegue a la casa y le conté a mi mamá, lo sucedido, ella me pidió la pistola y luego mi hermano Domingo, que era 6 años mayor que yo, comenzó a jugar con ella, y se dio un tiro en la mano, creyendo que no servía, por estar muy vieja; al parecer; según mi padrino la había traído de la segunda guerra mundial. Aquella pistola la perdí.

CAPITULO VIII
COMIDA POLACA ,MI PRIMERA IMPRESIÓN CON LAS PALOMAS

Salí del colegio a las 12 pm ; mi hermoso padrino me estaba esperando en la puerta de la casa ; con su sonrisa sincera me recibió como solía siempre hacerlo ,cuando llegaba lo primero que yo hacía era entrar al cuarto y colocarme la ropa de andar en la casa para no arrugar el uniforme; porque mi madre se encargaba de mantenerme toda mi ropa al día y planchada, mi padrino quería optar por hacer ese trabajo de estar pendiente de esos detalles pero en realidad mi mamá no quería soltar del todo su obligación sentía que era su deber como madre, luego decidí ir a la cocina para sentarme hablar con Lewek mientras que él me servía la comida que con anticipación me había preparado ! en mi mente paso que iba a deleitarme ,de repente me causó asombro ,el ver un plato no muy usual servido para yo degustar ,me impacto la presencia de la comida no me gustó mucho el aspecto, pensé que era no muy rica al paladar le dije a mi padrino lo siguiente:

_ Lewek no me quiero comer la comida con todo respeto no la veo muy apetitosa, muy rica, yo quiero bistec, pollo, milanesa, chuleta; pero no sé qué voy a comer, no hay más nada y disculpe pero no lo quiero hacer sentir mal.

Él se sintió mal al ver mi reacción sin embargo me dijo:

_ Mi pechuca pruébala, cómala es sabrosa se llama (palomas) y están rellenas con carne molida que yo mismo compre, molí; las aliño y ¡se la hice con mucho cariño usted va a ver qué le va a gustar mi niña y tiene arroz! , vamos hacer una cosa si le gusta en estos días la hacemos los dos.

Mi padrino acostumbraba a realizar un almuerzo a lo Polaco, que resultaba ser muy agradable tanto en su olor, como al momento de uno llevárselo al paladar; siempre quedaba muy satisfecha y feliz; al momento de realizar tan exquisita comida él le llamaba (las palomas) recuerdo que él me decía:

_ Pechuca; esta comida la aprendí a realizar gracias a mi madre; quien me enseño en mis ratos libres; me decía "Lewek tienes que aprender a cocinar, porque el día que pudieras estar solo; no pasaras trabajo a la hora de alimentarte de una forma saludable". ¡Ahora ves! Porque yo; me preparo mi propia comida y me queda agradable.

¿Qué le parece? Mi reacción fue automática diciendo:

_ está bien como siempre me ha gustado los cuento que usted me dice acepto, monto el café del mediodía, mientras yo cortaba con un cuchillo; el repollo que me llevaba a la boca pensaba en lo desagradable que lo iba a sentir, sin embargo causo impacto en mi pequeño paladar para aquel momento no creía lo que estaba sintiendo que sabrosa comida, me comí la primera paloma, luego me comí la otra de repente le pregunto a mi padrino:

_padrino tiene más paloma quiero otra, no me gustó me fascinó, ese señor era el padrino más hinchado de felicidad. Me respondió:

_ Con todo gusto mi pequeña princesa se colocó un paño de cocina bien doblado alrededor del brazo como si fuese un mayordomo o un chef de cocina se dobló hacia adelante como todo un experto, se llevó mi plato y me colocó dos palomas para que me las comiera; ni corta ni perezosa me las devoré como una leona, él se quedó impresionado que me gustará tanto se reía y me preguntó:

_ yo no sé dónde le cabe tanta comida, pechuca tú tienes un estómago que no tiene fondo parece un barril sin fondo y se carcajeaba tanto de verme como comía, la barriga que se mostraba a través de la blusa, era para los dos reírnos. Al rato le pedí otra diciendo:

_padrino lindo deme otra me quedo un huequito en la barriga, se rió y respondió que le daba miedo que comiera tanto. Yo insistí, me trajo una sola, me la comí toda; luego me dijo lo siguiente:

_ no le doy más hasta mañana al mediodía y le doy cuatro para que le lleve a cada uno de tus hermanitos a ver si le gustan. Yo le dije:

_ Usted me prometió enseñarme ahora me va a contar cómo se hace esa divina paloma me lo prometió. Mi padrino me respondió:

_ tranquila mi princesa que después que terminemos con estás palomas de comérnosla, si es que me deja comer, jajaja; se reía, en estos días ¡se las hago!

Respondí:

_Perfecto.

Estuve conforme, hasta que llego mi mamá a buscarme y lewek le dijo a mi mamá:

_ Señora Angelina pechuca se comió 5 palomas que yo hice y que se hacen en mi país son polacas, esa angelito comió que me dejó impresionado yo pensé que no iba a comer tanto; además ella misma me dijo que no iba a comérselas ya que no la veía muy rica y casi se come la olla, ya iba a pedirle la olla de la casa suya. Eso fue para que los dos se rieran un rato y las carcajadas fueron de burla por lo comelona que yo era, aunque no se me ha quitado todavía, ¡no tanto como antes claro! A los 3 días ya no tenía más, cocino aproximadamente 20 a 30 palomas que ricas. Cuando llegue del colegio ya teníamos todo listo para iniciar
luego que compro los ingredientes
iniciamos la preparación de las palomas, me lleno mucho el ayudarlo en la cocina y así fue. Aquí les muestro la receta para quienes quisieran prepararlas:

PROCEDIMIENTO:

Agarro una olla bien grande la lleno de agua limpia y comenzó a lavar en un recipiente con vinagre cada hoja de repollo y a quitarle cualquier sucio que pudiera tener, luego que estuvo lista todas las capas del repollo se colocó en agua caliente remojada con vinagre otra vez, mientras que hierve el agua, una vez que pasaron 10 minutos ya estaba hirviendo, decidió colocar el repollo dentro de la olla en ese instante se coloca de 3 a 4 dedos de vinagre nuevamente. El compro carne magra de esas que es libre de grasa, agarro su molino, colocó un bol de plástico y empezó a moler aquella carne. Si es de su gusto pueden comprar la carne molida

1 ERA PREPARACIÓN: Después aliña la carne le coloca ajo ,salsa de soya, pimienta, sal al gusto, esta carne la colocaba en una olla bastante rato a hervir, una vez que le falta poco a la carne se le añade el arroz para que hierve con ella ,ya cuando esté lista y bien condimentada se baja la olla, se procede a la

2 DA PREPARACIÓN: saca el repollo cuando se vea que está blando y un poco transparente se baja del fuego, lo deja reposar ;comienza a rellenar cada hoja de este mismo con el arroz con carne que hizo previamente y lo dobla con cuidado después que estén rellenas todas las hojas o capas del repollo se introduce dentro de una paila (olla) todas bien pegadas unas con otras la finalidad es volver a colocarle el agua que utilizo anteriormente para sancochar el repollo, cuando comienza a hervir se coloca de nuevo más vinagre al gusto ! Se deja un aproximado de 15 minutos en la candela este procedimiento se efectúa para que agarre el gusto del vinagre y se retira del fuego ¡Lista para comer! ¡Se deja reposar, quien no le gusta comer tan caliente! ¡Y buen provecho!

OTRAS COMIDAS DE VENEZUELA

Sencillas comida que resultaba agradable a mi pequeño paladar en ese momento , el bistec lo aliñaba con ajo , pimienta, salsa de soya, salsa inglesa, sal al gusto y lo freía o me hacía pollo frito lo condimentaba de la misma manera , al arroz le coloca pimentón y a veces le colocaba zanahoria rallada , la ensalada no dejaba de prepararme agarraba tomate con cebolla la aderezaba con pimienta , limón o vinagre y sal al gusto, otra ensalada que acompañaba al plato era remolacha la sancochaba le quita la piel la raya por el lado fino con el rallador del queso valga la redundancia , luego la adereza con pimienta, limón o vinagre y sal al gusto me hacía papita frita y tajada (plátano frito). Para mí todo esto en aquel momento era una delicia y la bebida no podía faltar por lo regular hacia jugo de naranja, fresa o guanábana sabía que esta fruta ¡es mi preferida!

CAPITULO IX

CUANDO LOS RECUERDOS TE DESTRUYEN

Mis 4 hermanos y yo, salimos de paseo con una tía, hermana de mi madre; nos fuimos a disfrutar lo bello de la playa, en aquel entonces mi padre fue a la casa, en compañía de mi padrino. Comenzaron hablar, de un momento a otro Lewek comenzó a llorar, cuenta mi madre, que él decía:

_ ¡ustedes no tienen corazón! ¡Ustedes no aman a sus hijos! Porque si los amaran no los fueran dejado ir a un lugar tan lejano en compañía de una persona, ¡que sabrá Dios si lo cuidara bien!

En eso mi mama responde:

_Deja de estar llorando chico, que mi hermana no es ninguna loca, para no cuidar bien a mis hijos; además tú sabes el alivio que tengo ahora, estoy descansando; porque estar pendiente de tantos muchachos no es fácil para mi sola.

El respondió llorando como un niño de 3 años:

_es verdad Angelina, lo que pasa es que me acuerdo de la guerra, de cómo perdí a mi familia, como perdí a muchos de mis amigos, ¡caminaba por las calles y parecían ríos de sangre! ¡Vi a mis amigos morir! ¡Había cabezas en las calles de mujeres; hombres y niños! ¡Perdí a mi mama a mi papa y a mis hermanos los únicos que lograron sobrevivir fue, mi hija que se quedó con un familiar todo por ¡esa maldita guerra! Recuerdo que, yo junto con mis compañeros, poníamos a sancochar las suelas de los zapatos para tomar el líquido y así sentir que llevábamos un bocado a la boca. Hubo compañeros que ¡se comían sus propias heces, para saciar su hambre! ¡La guerra es lo peor que el hombre pudo haber inventado, es una de las maneras más crueles para morir. Por culpa de la guerra es que me he quedado sordo, a causa de las detonaciones por las bombas enemigas. Y pensar que la segunda guerra mundial comenzó en mi pequeño pero hermoso país, tras la invasión Alemana donde se destruyeron bellas ciudades.

Mientras lloraba, mi padre Armando Moreno, lo abrazaba, consolándolo por los malos recuerdos que lo estaban destruyendo; se pudo notar, que realmente su tristeza, en sí; no era el que mis 4 hermanos y yo, nos fuéramos con mi tía a divertirnos a la playa; la tristeza de mi padrino; era el recordar como perdió a sus seres queridos durante la segunda guerra mundial.

HISTORIAS QUE NOS MARCAN,

LA FAMILIA YUGOSLAVA

Entre tantas anécdotas, que me llegaron a contar, una de las que más me impacto en mi condición de mujer, fue la historia que me contaron unos inmigrantes de Yugoslavia, que los obligo a tener que marcharse de su tierra. Eran campesinos. Sucedió durante la segunda guerra mundial, una vez que invaden su país. "POR SUERTE", para ellos; me contaron, que los civiles no fueron llevados a campos de concentración, sin embargo, no dejaron de vivir un infierno, un buen amigo de mi esposo llamado Taylor; conto la historia de aquella humilde señora; ya fallecida, sobre toda las cosas malas que presencio en aquel lugar, haciéndome un relato exacto, de muchas injusticas que aquella familia Yugoslava vivió. Diciéndome todo lo que le sucedió. Ella le dijo lo siguiente:

_Una vez que nos invadieron, yo era una humilde campesina. A nosotros los civiles no nos llevaron a los campos de concentración, porque teníamos muchas cosas en común, una de ellas, era que éramos de color blanco, nos consideraban ciudadanos de segunda, la mayoría de la población, era ortodoxa, no obstante nos llegaron hacer mucho daño, se metían a nuestras casas y nos robaban las gallinas, cabras y las ovejas. También violaron a muchas mujeres.

_ ¿usted presencio una violación?

_no sé; si decir que presencie una violación a una mujer; si, solamente lo pude escuchar.

_ ¿pero cómo es eso?

_bueno… una noche estaba en la casa y escuchaba, como una mujer, que tenía más o menos mi edad; gritaba, diciendo; ¡no por favor! ¡No lo hagas! ¡Auxilio! Y escuchaba golpes, como para callar a la mujer, al día siguiente nos enteramos que un soldado nazi había violado, a una joven de unos 26 años, en presencia de su esposo y este sin poder hacer absolutamente nada, eso me hizo reaccionar, para decirle a mi esposo "mira a una vecina la violaron y el esposo tuvo que aguantarse eso, tú decides, o te vienes conmigo, o te quedas con los nazis, yo antes que un nazi me viole me voy de aquí" . Nos escapamos del lugar donde estábamos unas cuantas personas, y vivíamos como errantes durante casi todo el periodo de la guerra; por muchos años, hasta que casi terminando la guerra llegamos a las costas de Croacia, donde abordamos uno, de varios barcos que venían para Suramérica; eran de la cruz roja. Prácticamente, quien decide que debíamos venirnos para Venezuela fue mi esposo, luego que una persona le diera a probar chocolate venezolano; y un ron que en aquel entonces se hacía en este país; cuando logra deleitarse; tanto del cacao, como del alcohol dijo: hay tres cosas que busco de un país: 1) donde haya un clima que no sea tan frio 2)la gente que sea buena 3)que la comida sea SABROSA, ya con este cacao que me comí; y esta bebida tan deliciosa, estoy más que convencido que el sitio al cual debemos irnos es VENEZUELA.

_ ¿pero cómo supo su esposo que en este país las personas eran buenas?

_ eso es fácil; porque habíamos escuchado, sobre las otras personas, que ya tenían familiares allá, que los venezolanos los habían tratado bien; además recuerda, que lo que te dije; sobre los años que estábamos como errantes, sin un lugar fijo donde quedarnos, en todo ese tiempo, ya eran bastantes las personas inmigrantes que estaban en Venezuela.

_ Okey, lo entiendo.

_ ¿qué sucedió luego que llegaron a Venezuela?

_llegamos a puerto cabello; hubo muchas personas que se solidarizaron con nosotros .Algunos fueron llevados, a una hacienda llamada el trompillo en Carlos Arvelo, fue uno de los principales sitios donde nos trasladaron, pero como éramos demasiados; nos llevaron a otras zonas **del estado Carabobo; como la zona de santa rosa; cuando el estado no se daba** abasto, para organizar a tantas personas venezolanas, los ricos, DUEÑOS DE HACIENDA, que prestaban sus terrenos para que los inmigrantes pernotaran. Lo más difícil para nosotros fue aprendernos el idioma, nos costó mucho, el hacerlo; ya que mi familia y los que venían con nosotros, no sabíamos ni leer, mucho menos escribir. Llegamos con mi hija que en aquel entonces ella tenía 8 años, comenzamos a trabajar, ahora aquí estamos... luchando día tras día, hasta el fin de nuestros tiempos, para tener una mejor calidad de vida.

Tres años después de aquella entrevista, que Thailor le hiciera a los inmigrantes Yugoslavos, murieron; primero la señora, de unos 88 años, y un año después el esposo, a sus 84 años de edad.

Quiso entrevistar a la hija; que para aquel entonces tendría unos 60 años y está estuvo dispuesta; a contar solo una anécdota, sobre las secuelas que dejan una guerra. Era en relación, a una persona que gustaba mucho de ella. La señora también sentía atracción hacia el apuesto caballero, pero por razones que escapaban de sus manos, se negó a tener alguna relación, así fuera amistosa. Cuando Taylor le pregunto, cuál era la causa, esta le dijo lo siguiente:

_ Taylor antes de decirte mis razones, te diré, como nos conocimos. Esta historia sucedió en 1960, yo tenía 23 años, habían pasado 15 años de haber terminado la guerra. Estaba en una fiesta. Lo conocí mientras bailábamos, fue como esas películas clásicas, de amor a primera vista, compartíamos los mismos gustos, nos gustaba la misma música, lo cierto es que durante toda la fiesta bailaba y compartía con él, fue muy respetuoso siempre, le pedía a mis padres; permiso para bailar o hablar conmigo. En aquel entonces, no era como ahora, que se conocen se gustan; se disfrutan y después que pasa todo eso, depende de cómo fluya la relación, ven si resulta conveniente, presentarse cada uno a sus padres.

_ ¿qué sucedió después?

_Él me iba a buscar a la casa, salíamos de paseo por la ciudad con sus amigos, o a veces solos, ¡eso sí, había una hora exacta que él debía llevarme devuelta a casa! A pesar que nos gustábamos mucho, no podíamos besarnos sin antes estar casados, no quiero presumir con lo que te voy a decir, pero yo era ¡MUY BELLA! Y no voy a negar que él lo fuera también,

tanto física como espiritualmente. Tenía una altura de 1,80, era blanco ojos verdes y muy cariñoso conmigo. Cada vez que me buscaba y me llevaba a mi casa, me abría la puerta del carro ¡ay qué bello! Me gustaba mucho cuando lo hacía, se veía muy romántico, cada vez que lo hacía. Todo iba de maravilla hasta que un día, en el cual él fue a mi casa, como siempre lo hacía. Nos pusimos hablar de nuestros antepasados, él nos pregunta sobre nuestra ascendencia, nosotros le dijimos que éramos de YUGOSLAVIA, A LO QUE EL RESPONDIO Diciendo: "YO SOY VENEZOLANO, PERO MIS PADRES SON ALEMANES". Eso que nos dijo, nos cambió a todos la cara, inclusive hasta mi persona, enseguida me vinieron los recuerdos del pasado y de todo lo malo que nos hicieron los Nazis, aunque en aquel entonces yo tan solo era una niña de 8 años pude ver los abusos de los alemanes, cuando tomaban las cosas que no les pertenecían y lo que mis padres me dijeron que muchos de ellos violaron mujeres. No lo pude olvidar. Todos nos quedamos callados y yo, sin mirarlo a los ojos y con lágrimas que salían de mí... sin yo poder contenerlas le dije: acabas de hacer mención de algo, que hubiese preferido... que nunca en mi vida, lo dijeras, pero fue bueno de tu parte que lo hicieras, porque si lo hubiese sabido tarde; el resto que me quedara de vida , te iba a odiar con tal intensidad; que fuera preferido no haber nacido o estar muerta; que haberte conocido, aunque en este momento siento que se muere mi alma, estoy completamente segura, que en este caso el tiempo lo cura todo.
Aquel hombre no entendía lo que pasaba y mi papa, le confeso lo que estaba sucediendo y el respondió, llorando: ¡pero amor que culpa tengo yo, de lo que pudieron hacer Hitler y su gente!

Le respondí de inmediato, eso es lo que pasa, tú no sabes nada, no sufriste lo que nosotros sufrimos y nunca lo entenderás; te voy a pedir que por favor te retires de mi casa y que sea la última vez, que vienes para acá. Papa ya él se tiene que ir, así que acompáñalo a la salida.
Mi padre lo acompaño a la casa diciéndole; ya escuchaste a mi hija muchacho, me duele que las cosas hayan quedado en malos términos.

Se fue con el alma rota, diciendo que éramos unos resentidos y que estábamos cometiendo una injusticia que no tenía lógica alguna y gritándolo duro lo decía ¡son unos resentidos! ¡Así nunca van a tener paz! Llorando y gritando a los 4 vientos decía ¡amor perdóname por los errores de mis antepasados! Mi papa le decía ¡cálmese amigo, entienda nuestras razones! El respondía de inmediato ¡cuando se ama, se perdona! Yo Salí de la casa y lo último que recuerdo haberle dicho fue "si me hubieses sido infiel; tal vez por amor te perdonaría, pero lo que pase en mi país jamás lo voy a olvidar" di la vuelta y me metí en la casa, lo último que pude escuchar fue; que permanecería fuera del carro... "a ver, si de esa forma, podría compensar todo lo que yo sufrí en mi país; a consecuencia de sus antepasados" (los alemanes) duro como unos 4 días, al frente de la casa, hasta que se fue.

_ ¿se alimentaba? ¿Dormía dentro del carro?

_ no comió durante todo ese tiempo, durmió fuera del carro, a mí me partía el corazón, verlo en esas condiciones. Después se fue, cuando me veía por ahí, no me dejaba tranquila me pedía, me suplicaba que por favor nos diéramos una oportunidad, que sus antepasados ni siquiera apoyaron a Hitler. Yo como soy humana y no soy de hierro, ¡corre por mi cuerpo sangre!, Para no caer en la tentación, tome la decisión de irme para la capital (caracas) por dos años a la casa de un familiar que se había venido con nosotros, después de la guerra y mientras que estaba allá, me puse a estudiar algunos cursos, para pasar el tiempo, de ahí conocí a una persona, con la que me case y le propuse que nos viniéramos a la ciudad de Naguanagua, nos vinimos y tuvimos dos hijos.

_ ¿qué sucedió con aquel apuesto joven?

Cuando regrese para acá, supe que se había casado. Un día lo vi y me saludo, de una forma muy normal... simplemente nos saludamos y ya.

_ quiero hacerle esta pregunta... aunque no sé si sea correcto hacerla.

_ dime cual, dímela.

_ ¿usted amo tanto a su pareja, como al alemán?

_ Cada quien tenía lo suyo, pero para hacerte sincera, al alemán lo ame y a mi esposo, lo quise bonito... pero no lo ame.

_ ¿se arrepiente de no haber estado con el alemán y estar con alguien a quien no amaba?

_uno no puede arrepentirse de lo que ha hecho ya, porque primero los alemanes durante casi todo lo que quedaba del siglo IXX ESTUVIERON RALLADOS, DESPRESIADOS EN TODO EL MUNDO, NADIE LO QUERIA, A CAUSA DE LA GUERRA QUE ELLOS MISMO PROVOCARON. Tampoco puedo decir que me arrepiento de haberme casado con la persona con la que he compartido mi vejez, ya que gracias a él tuve los hijos maravillosos que hoy en día tengo. Dios sabe porque suceden las cosas. Esa es toda mi historia, espero que te haya gustado.

_ Muchas gracias amiga, es bueno conocer anécdotas de tiempos pasados, que si bien; no voy a negar que fue una historia triste, hasta me ha hecho llorar, me deja una vivencia más, de como era antes la sociedad, cuando prevalecían los principios, los valores y la dignidad, por decirlo de cierta forma, por encima del amor, si este se contraponía a estos principios, aunque le respeto la decisión que tomo, en mi caso, yo por amor, hubiese olvidado el pasado. Pero como dice mi abuela "cada cabeza es un mundo" quien sabe que hubiese pasado si su pareja fuera el alemán.

_tienes mucha razón, me gusta tu sinceridad, como también, que respetaras mi decisión y que me dieras punto de vista al respecto, aunque no haya sido lo que yo hubiese querido escuchar, pero la honestidad, aunque a veces duela... vale mucho.

EL CASO DE LA FAMILIA AUSTRIACA

Esta es otra historia; muy triste, que le sucedió a una familia de Austria; que a diferencia de Yugoslavia; tuvieron que combatir contra la invasión nazi por la libertad. Cuando supe este caso; pude sentir mucha más admiración hacia mi padrino, porque era verdad lo que me decía el, no es fácil; sobreponerse; a los recuerdos; que te matan, te atormentan dejando un dolor que ni los años te ayudan a olvidar. Estuve conversando con un señor quien me dijo; sobre la participación de su padre y su hermano; cuando el tan solo tenía 14 años; durante la segunda guerra mundial; esto fue lo que me dijo:

¿Cómo se dio la ocasión, de participar su hermano mayor y su padre durante la segunda guerra mundial?

_Mi papa quería participar; porque sabía lo que pasaría... si los nazis tomaban el poder del territorio; él decía que preferiría morir combatiendo o suicidarse, en un caso extremo; antes de caer en manos de los alemanes.

_ ¿qué motivo a su hermano a combatir?

_ yo creo que él se motivó; porque mi papa, tomo la iniciativa; primero y como él; era mucho de hacer, lo mismo que hacia mi padre; por verlo como un ejemplo a seguir, ese era principalmente el motivo.

_ ¿cómo fue el proceso de la guerra?

_ ¡horrible! No tengo una definición exacta para describir lo que sucedió.

_ ¿Qué experiencias puedes contar?

_ Lo que puedo decir; es que al principio teníamos comida suficiente, pero conforme se fue agravando la situación, todo se comenzó a complicar; pasábamos mucha hambre, habían niños muertos en las calles; parecía, como si estuviéramos en un callejón sin salida, el piso en vez de ser del color gris o negro como es la tierra, ¡era rojo por la sangre!

_hábleme de su padre y su hermano; ¿Cómo vivieron la guerra en su posición de soldado?

_fue muy difícil para ellos... decían cada vez: "matamos tantos enemigos" "nos salvamos de unos bombardeos constantes; en la zona de combate"

_ ¿pero ellos combatían juntos?

_no.

_ entonces ¿cómo lo sabía?

_ Cuando estábamos juntos en Venezuela; ellos contaban; sus historias cada uno por su lado; cómo fue su experiencia.

_ ¿cuantos de tu familia se salvaron?

_ Mi mama, mi papa, mi hermano y yo.

_ ¿Cuántos murieron, de tu familiares?

_Mis tíos mis primos, mis abuelos; murieron varios

_ ¿Cómo hicieron ustedes, para salvarse varios de tu familia?

_ 1, la fe, 2 hay que tener un plan y buscar la forma de vivir; sin darse por vencido. Nosotros nos ocultábamos de un lugar a otro; dormíamos ocultos; entre los arboles; en sitios abandonados, mientras esperábamos al día siguiente, para avanzar; hasta encontrar la salida a ese infierno. Parecíamos unos indigentes, de un lado para el otro; sin un rumbo fijo. Hasta logramos llegar a un lugar; no recuerdo como se llama, que nos permitió subirnos en unos barcos que nos alejaron de la zonas de guerra; pero caminamos muchísimo para poder escaparnos; mi madre y yo; no recuerdo muy bien como paso todo; pero lo que puedo decir es que nos reencontramos en ese barco con mi hermano y más tarde llego mi papa.

_ ¿tu padre cómo hizo para llegar?

_ Según, mi padre y mi hermano, se toparon y habían planificado huir juntos; por medio de un tren; que pasaba muy cerca del lugar de combate; mi hermano se logró subir; pero cuando mi papa iba a hacerlo, por el lado donde estaba; no le dio tiempo; porque había unos soldados nazis que evitaron que eso sucediera. Cuando paso eso mi padre se le ocurrió tomar la asquerosa decisión de ocultarse; entre una montaña de humanos; que estaban muertos; ya en estado de descomposición; moviendo algunos cadáveres, para poder ocultarse; de esta forma no ser descubierto por los soldados enemigos; estaba solo; ya que según; él decía que a su grupo armado lo habían asesinado en combate. Permaneció oculto por unos 15 minutos; hasta que aquellos hombres siguieron su camino. Lo que si no logro recordar; como hizo; para poder escapar.

_ ¿cómo mueren tu padre y tu hermano?

_ creo que los malos recuerdos hicieron que murieran; porque como se explica; tener casi todos los días pesadillas donde dicen: ¡no me maten! ¡Malditos nazis! ¡Porque mataron a mi familia! Ese era mi hermano y mi padre; era muy parecido; pero con otras palabras; él decía ¡cuidado con las bombas! ¡No me quiero morir! ¡Apúrate! ¡Ahí vienen! ¡Nos van a matar! ¡Dios ayúdame! ¡No quiero vivir este infierno! ¡Mi familia! ¡Donde está mi familia!

_ Pero, que yo sepa de los recuerdos nadie se ha muerto.

_ Nadie se ha muerto; es verdad; pero como no pudieron soportar tanto trauma de la guerra y no tenían paz; no decidieron hacer otra cosa... más que suicidarse; primero lo hizo mi padre y a la semana después; también se suicidó mi hermano.

_ ¿cómo lo hicieron?

_ Mi papa tomo un mecate; lo amarro en una mata de mango que estaba en la casa y se lo coloco en el cuello; para luego dejarse caer; y morir asfixiado. Mi hermano; hizo lo mismo; pero dentro de su cuarto; amarro un mecate del techo y luego de estar amarrado se lo coloco en el cuello se soltó desde la cama y se murió asfixiado. Cada vez que lo recuerdo me dan ganas de llorar. Eso que les sucede en la actualidad a los soldados de ESTADOS UNIDOS, es muy cierto; que llegan de esa guerra con trauma y les da por asesinar personas, en su país, en lugares públicos y terminan suicidándose.

_ Qué situación; más lamentable.

_ eso era todo lo que te quería contar; no tengo más información; porque mi edad; y el tiempo que ha pasado, no me permiten recordar más de lo que quisiera, para que esta historia sea completa.

_ Tranquilo; que con tu colaboración; has contribuido bastante; para que el mundo sepa lo triste y lamentable que es una guerra mundial; aunque aun no siendo guerra mundial; guerra... es guerra. En todas hay muertos; mucha sangre y vidas que se pierden; sumados al atraso y a las pérdidas materiales.

POLONIA: DONDE COMIENZA LA SEGUNDA GUERRA MUNDIAL

Luego de que Hitler revocara el pacto de no agresión entre Alemania y Polonia, que se realizara el 28 de abril de 1934, el 31 de agosto de 1939, ordena por segunda vez el ataque a Polonia, puesto que la primera vez que lo había ordenado; el Fascista MUSOLINI, quien gobernara en Italia, le anuncio no estar aún preparado para ir a la guerra. Una vez que se dio la orden de ataque, en día 1de septiembre de 1939, a las 4:45, sin que Alemania hubiera declarado la guerra, inicia ataque contra Polonia. Esta guerra relámpago, fue llamada de esta forma por el tipo de estrategia empleada y por lo rápido y eficaz que lograron neutralizar al enemigo, fue un tipo de estrategia de combate, nuevo que por primera vez se ponía a prueba. La guerra relámpago, consistía principalmente en: 1 reducir la eficacia de un ejército enemigo, mediante el hambre (cortándoles los suministros de alimentación) 2 destruyendo su alto mando; o interrumpiendo las líneas de comunicación y las redes de transmisión. El combate, duro desde el primero de septiembre, hasta el 6 de octubre, un tiempo récord, tanto los Polacos como los Alemanes, no salían de su asombro, porque jamás, para aquel entonces, una potencia militar de una nación, había sido aniquilada en tan poco tiempo.

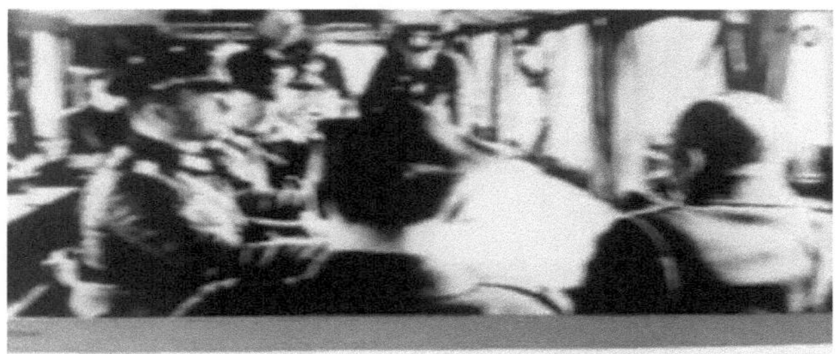

Fin de la campaña de Polonia: en un vagón del IK W, representantes polacos discuten los términos de la rendición con el general alemán Blaskowitz.

No se puede negar sobre el triunfo avasallante que pudo lograr Alemania, sobre Polonia, pero hay un dato muy importante que destacar y es, la diferencia exagerada de material bélico que tenía en su poder Alemania, en comparación a Polonia, a decir verdad Polonia no estaba preparada para entrar a la guerra, ¡si no lo estuvo Italia en el primer llamado, que le hiciera Hitler! si algunos historiadores fueran conscientes del grado de desigualdad en batalla, que existía entre Alemania y Polonia, principalmente en las armas, no se sorprendieran tanto por esa victoria Alemana. Puesto que era algo inevitable; aun sin estrategia, la victoria hubiera sido aplastante. Las expectativas que tenía Polonia sobre dicho combate, fueron principalmente, de resistir, hasta que llegaran los países aliados, Como reino unido (INGLATERRA) en su ayuda, pero desgraciadamente , el ataque sucio , silencioso y sorpresivo de HITLER lo dejo en jaque, violando cuanto tratados de paz se le presentara, como el tratado de Versalles por ejemplo. Otra cosa que lamentablemente debo destacar es que, si bien es cierto, RUSIA; llamada antiguamente UNION SOVIETICA; fue una de las POTENCIAS DEL MUNDO, que aporto más muertos para CONTRIBUIR AL MAXIMO, QUE HITLER CALLERA DERROTADO, no se puede negar, que: **SI HITLER NO HUBIESE VIOLADO EL TRATADO DE NO AGRESION QUE HABIA REALIZADO CON LENIN, DIFICILMENTE LA UNION SOVIETICA FUERA PARTICIPADO EN LA GUERRA EN CONTRA DE HITLER.**

El buen humor reina en esta entrevista entre el dictador georgiano Stalin y el ministro alemán von Ribbentrop. El primero pensaba, con la firma del Tratado de No Agresión, ver como los occidentales se destruían mutuamente y asegurar el predominio de su país en Europa .El segundo celebraba haber conseguido evitar, al comienzo de la guerra, la existencia de un doble frente que tan fatal resulto en la I Guerra Mundial.

Y con esto no quiero desmeritar a la unión soviética por su gran labor. Según contaban soldados aliados, aquella Rusia que participo en la guerra ¡luchaban hasta morir! Los cobardes que huían, porque sabían que en algunos momentos, era más fácil "PERDER LA VIDA QUE GANAR UNA LUCHA", cuando se estaba en el frente de ataque; aquellos que se devolvían en el campo de batalla **¡eran asesinados por sus mismos compañeros de armas, que estaban detrás; por órdenes directas de los alto rango!**

Mirada triste de dos hermosas mujeres Polacas, luego de constante bombardeos por parte de los alemanas llevados a cabo no solo en bases militares sino también, en zonas habitadas por civiles.

Un resumen general sobre la segunda guerra mundial

Fue un conflicto militar global que se desarrolló entre 1939 y 1945. En ella se vieron implicadas la mayor parte de las naciones del mundo, incluidas todas las grandes potencias, agrupadas en dos alianzas militares enfrentadas: los aliados de la Segunda Guerra Mundial y las potencias del eje. Fue la mayor contienda bélica de la historia, **con más de cien millones**

de militares movilizados y un estado de «guerra total» en que los grandes contendientes destinaron toda su capacidad económica, militar y científica al servicio del esfuerzo bélico, borrando la distinción entre recursos civiles y militares. Marcada por hechos de enorme repercusión que incluyeron la muerte masiva de civiles -el Holocausto, los bombardeos intensivos sobre ciudades y el uso, por única vez, de armas nucleares en un conflicto militar- la **Segunda Guerra Mundial fue la más mortífera de la historia con un resultado de entre 50 y 70 millones de víctimas, el 2,5 % de la población mundial.**[1]

El comienzo del conflicto se suele situar en el 1 de septiembre de 1939, con la invasión **alemana de Polonia**, el primer paso bélico de la Alemania nazi en su pretensión de fundar un Tercer Reich alemán sobre Europa. Esto produjo la inmediata declaración de guerra de Francia con la mayor parte de los países del Imperio británico y la Commonwealth al Tercer Reich. Desde finales de 1939 hasta inicios de 1941, merced a una serie de fulgurantes campañas militares y la firma de tratados, Alemania conquistó o sometió gran parte de la Europa continental. En virtud de los acuerdos firmados entre **los nazis y los soviéticos, la nominalmente neutral Unión Soviética ocupó o se anexionó** territorios de las seis naciones vecinas con las que compartía frontera en el oeste. El Reino Unido y la Commonwealth se mantuvieron como la única gran fuerza capaz de combatir contra las potencias del eje en el Norte de África y en una extensa guerra naval. En junio de 1941 las potencias europeas del eje comenzaron la invasión de la Unión Soviética, iniciando así la más extensa operación de guerra terrestre de la Historia, en la que desde ese momento se empleó la mayor parte del poder militar del Eje. **En diciembre de 1941 el Imperio del Japón, que había estado en guerra con China desde 1937**[2] **y pretendía expandir sus dominios en Asia, atacó a los Estados Unidos y a las posesiones europeas en el océano Pacífico, conquistando rápidamente gran parte de la región.**

El avance de las fuerzas del Eje fue detenido por los aliados **en 1942 tras la derrota de Japón en varias batallas navales y de las tropas europeas del Eje en el Norte de África y en la decisiva batalla de Stalingrado. En 1943, como consecuencia de los diversos reveses de los alemanes en Europa del Este, la invasión aliada de la Italia Fascista y las victorias de los Estados Unidos en el Pacífico, el Eje perdió la iniciativa y tuvo que emprender la retirada estratégica en todos los frentes. En 1944 los aliados occidentales invadieron Francia, al mismo tiempo que la Unión Soviética recuperó las pérdidas territoriales y ambos invadían Alemania.**

La guerra acabó con una victoria total de los aliados sobre el eje en 1945 y la liberación de los prisioneros en campos de exterminio. La guerra en Europa terminó con la captura de **Berlín por tropas soviéticas y polacas y la**

consiguiente rendición incondicional alemana el 8 de mayo de 1945. La Armada Imperial Japonesa resultó derrotada por los **Estados Unidos** y la invasión del archipiélago japonés se hizo inminente. Tras el bombardeo atómico sobre Hiroshima y Nagasaki por parte de los Estados Unidos y la invasión soviética de Manchuria, **la guerra en Asia terminó el 15 de agosto de 1945** cuando Japón aceptó la rendición incondicional.

La Segunda Guerra Mundial alteró las relaciones políticas y la estructura social del mundo. La Organización de las Naciones Unidas **(ONU) fue creada tras la conflagración para** fomentar la cooperación internacional **y prevenir futuros conflictos. La Unión Soviética y los Estados Unidos se alzaron como superpotencias rivales.**

TRATADO DE VERSALLES

Tratado de Versalles (1919) **Firmado**	28 de junio de 1919 Versalles (Francia)
En vigor	10 de enero de 1920
Condición	Ratificado por el Imperio alemán y tres de los principales países Aliados

Firmantes	**Aliados:** Francia, Reino Unido **Potencia central:** Imperio alemán **Otros firmantes:** Reino de Italia, Estados Unidos, Australia, Bélgica

	Bolivia Brasil Canadá República de China Cuba Checoslovaquia Ecuador Reino de Grecia Guatemala Haití Hejaz Honduras Imperio de Japón Liberia Nicaragua Panamá Perú Polonia Portugal Reino de Rumanía Unión Sudafricana Reino de los Serbios, Croatas y Eslovenos India británica Tailandia Uruguay Nueva Zelanda
Depositario	Gobierno de Francia
Idiomas	Francés, inglés y alemán

El **Tratado de Versalles** fue un tratado de paz que se firmó en dicha ciudad al final de la Primera Guerra Mundial por más de cincuenta países.[1] Este tratado terminó oficialmente con el estado de guerra entre la Alemania del segundo Reich y los Aliados de la Primera Guerra Mundial. Fue firmado el 28 de junio de 1919 en la Galería de los Espejos del palacio de Versalles, exactamente cinco años después del atentado de Sarajevo en el que fue asesinado el archiduque Francisco Fernando, (en alemán: Franz

Ferdinand) la causa directa de la Primera Guerra Mundial. A pesar de que el armisticio fue firmado meses antes (11 de noviembre de 1918) para poner fin a las hostilidades en el campo de batalla, se necesitaron seis meses de negociaciones en la Conferencia de Paz de París para concluir el tratado de paz. El Tratado de Versalles entró en vigor el 10 de enero de 1920.

De las muchas disposiciones del tratado, una de las más importantes y controvertidas estipulaba que las Potencias Centrales (Alemania y sus aliados) aceptasen toda la responsabilidad moral y material de haber causado la guerra y, bajo los términos de los artículos 231-248,[2] deberían desarmarse, realizar importantes concesiones territoriales a los vencedores y pagar exorbitantes indemnizaciones económicas a los Estados victoriosos. El Tratado de Versalles fue socavado tempranamente por acontecimientos posteriores a partir de 1922 y fue ampliamente violado en Alemania en los años treinta con la llegada al poder de Adolf Hitler.

Alemania liquidó el pago de las reparaciones de guerra en 1983, pero todavía quedaba pendiente el abono de los intereses generados desde la aprobación del tratado, que ascendían a 125 millones de euros (cambio de 2010). Dichos intereses no podían ser abonados hasta que Alemania no estuviese reunificada, dándosele para ello 20 años a partir de ese momento. Por aquellos días se creía que nunca iban a ser abonados, pero, tras procederse a la reunificación del país, se fijó el 3 de octubre de 1990 como fecha de inicio de esos 20 años. Finalmente, Alemania liquidó totalmente las reparaciones de guerra el 3 de octubre de 2010.[34]

Adolfo Hitler nació el 24 de abril de 1889 en Braunau, ciudad austriaca junto al rio Inn. Hombre sobrio __ no comía carne, ni bebía alcohol, ni permitía siquiera que se fumara en su presencia__ pasaba largas temporadas en el Berghof, su residencia favorita en el boscoso macizo de Obersalzberg que domina la pequeña ciudad de Berchtesgaden, en Baviera

CAPITULO X

¿CÓMO MI PADRINO SE SALVA DE LA GUERRA Y SU FAMILIA NO?

Era una pregunta que yo siempre me hacía, no entendía la razón o el motivo por el cual mi padrino ¡prácticamente de su familia fue el único que logro salvarse! A mí me hubiese costado vivir, en un país en el cual no había nacido, sin familia, sin amigos, si bien es cierto, recibió el cariño y el afecto de los venezolanos, no se puede olvidar el daño psicológico, moral y social que vivió en aquel momento. Al día siguiente de haber tenido la conversación con mi padrino sobre qué carrera iba a estudiar, decidí preguntarle y esto fue lo que él me dijo:

_PECHUCA mi país duro aproximadamente un mes luchando, contra la Alemania del enfermo mental de HITLER, habían muchos aviones, tomaron las zonas donde estaban los alimentos, las líneas de comunicación la cortaron, el poder en armas, que tenían ¡era una grosería! Nuestro valiente ejército, luchaba más por su orgullo, por su dignidad patriota, que por la seguridad de salir victoriosos, operábamos con la ayuda de nuestros aliados como Gran Bretaña y Francia, pero figúrate tú, que ni Francia logro vencer el poderío en armas que tenía Hitler.

Yo enseguida le decía:

_ Pero padrino écheme el cuento suyo, a mí no me importa de cómo se metieron o cuando invadieron los Alemanes.

_¡Mire PECHUCA para yo llegar a como sucedió todo; primero debe saber cómo paso todo, aunque sea resumido! ¡Me escucho!

_está bien; siga pues…

_como le estaba diciendo; el enfrentamiento de mi POLONIA; con Alemania; duro Aproximadamente un mes, porque mi país se rindió. Se reunieron los alto mandos del ejército de mi país, con representantes del ejército Alemán, para fijar las condiciones de redición por parte de Polonia.

Luego que Alemania tenía bajo su dominio, toda Polonia, comenzaron a llevarse a los civiles, como prisioneros de guerra en los campos de concentración ¿Sabes que nos hacían en ese lugar?

_ Que padrino…

_ seleccionaban a los que les podían servir para poder llevar a cabo una labor específica, en esa prisión, porque para mí eso era aquel lugar, una prisión. Las personas fuertes y jóvenes por lo general lo ponían a cargar cosas pesadas y aquellos que no servían o no aguantaban, las exigencias que imponían los alemanes, eran llevados a hornos crematorios.

_ ¿qué es un horno crematorio padrino?

_ Es un lugar donde acaban con la vida de las personas, muchas veces asfixiándolos con gas venenoso, para luego derretirlos con ácido fuerte, que le hacían desvanecer hasta los huesos ¡horrible pechuca ¡Muy horrible!
_ ¡qué cosa más fea! Como pueden existir personas perversas, tenía mal corazón para permitir tanta maldad. Y usted ¿cómo logro sobrevivir a tan desagradable situación?

_ Por el estudio hija, en Polonia para vivir de la sastrería; había primero que graduarse de bachiller, luego estudiar la carrera de sastrería para llegar a técnico; yo era maestro de sastrería. Daba clase. Y por eso sobreviví a la guerra.

_ ¿pero qué tiene que ver; lo que estudio con su sobrevivencia? si estaba preso y de nada le servía poner en práctica ese trabajo.

_ Mucho hija, porque gracias al estudio y a que era un maestro de las sastrería, le hacia los trajes de vestir, a los generales y a las esposas de los generales, y mi familia por no haber estudiado y no saber nada que fuera de alta relevancia, que sirviera de aporte en los campos de concentración, eran rápidamente exterminado.

_Recuerdo que a mi familia la asesinaron en esos hornos crematorios, porque la función que les correspondía hacer, no la aguantaron y los que ya no resistían en el trabajo, rápidamente los llevaban a los hornos, para luego ser asesinados. ¡Lo recuerdo y me dan ganas de llorar! La gente ya sospechaba, dada las condiciones de como era su aspecto físico, estábamos de esclavos trabajando y esos imbéciles; no nos alimentaban de la forma correcta, yo estaba cadavérico y así; sin quejarme mucho, debía hacer los trabajos de sastrería, a las personas que ya he nombrado.

_ Padrino pero; cuando les hacia el trabajo de sastrería a las mujeres de los generales ¿cómo lo trataban ellas a usted?

_ Pechuca, no puedo negar que algunas de ellas; con vestimentas, elegantes de la época, me miraban con compasión y me regalaban a espaldas de los guardias; pequeños trozos de comida, que enseguida me llevaba a la boca sin que los soldados lo no notaran; aunque habían otras damas; de malos sentimiento; que se le notaba la miseria humana; me miraban con desprecio, como si yo fuera una persona enferma, por mi apariencia desnutrida; y por mi mirada triste, que se me notaba considerablemente; lo que sentía; pero a pesar de todo, me mantuve firme y estoy aquí; en este país; compartiendo con nuevas personas que han sido fieles conmigo, con ciertas excepciones claro. Por eso le digo hija, que el estudio, es esencial para el hombre. Eso que decía aquel hombre; que liberto a Venezuela y a 4 países de Suramérica; como era que se llamaba.

_ ¿SIMON BOLIVAR? _ respondí

_ ¡Ese mismo! Ese hombre en uno de sus pensamientos, decía "un ser sin estudio, es un ser incompleto", o algo así, mis años no me permiten recordar con exactitud, lo que dijo en uno de sus pensamientos que leí; pero por ahí va la cosa.

_ ¿padrino como logro llegar a Venezuela? ¿Usted se escapó, de los campos de concentración?

_ Jajajajaja; no pechuca usted como que piensa que yo era como el hombre de la película de RAMBO; que el protagonista asesina a los malos y al que representa el lado bueno; no le hacen ningún rasguño, la vida real no es como las películas de ficción. Yo dure en los campos de concentración, desde que mi país se rindió, hasta que termino la guerra; recuerdo que cuando todo termino, que los nazis se rindieron, llegaron unos soldados, que estaban a favor de la justicia diciendo: "ustedes son libres de decidir a donde quieren ir; hay un barco que va rumbo a Venezuela ¿Quiénes están dispuestos a ir? Enseguida levante mi mano, como muestra, de voluntad, de marcharme para aquel lugar desconocido para mí. Llegamos a los barcos, eran grandes; transportaban a muchas personas; conocí gente que tenía sarna, piojos y mujeres que habían sido violadas por los nazis; sentí un dolor en mi estómago; por verme obligado a salir de mi país, ya que estaba completamente destruido, no estaba en condiciones para habitarlo de una forma digna, ya que los bombardeos por parte de los nazis destruyeron casi todo lo que veían a su paso, mientras se llevaban a cabo las batallas. Al llegar, a Venezuela, desembarcamos en PUERTO CABELLO, de ahí me trasladaron para el municipio guigue, en una hacienda, en ese lugar se quedaran varios conmigo; pero como eran muchos, llegaban barcos y barcos al país, fueron llevándolos a otras zonas hasta reubicarlos en un sitio donde pudiéramos vivir, pero mientras no pasaba eso, estábamos en grupos viviendo en asciendas o fincas. En eso lugares nos aseábamos, hubo médicos que nos examinaron, ya que habían personas enfermas. Después de unas semanas a muchos nos trasladaron al municipio Naguanagua, por esta zona de tarapío, se quedaron muchos que venían de la guerra. Nosotros mismos hicimos nuestras casas, con nuestra fuerza de trabajo. Yo con el tiempo logre terminar mi casa, pero no quería vivir aquí porque los recuerdos me estaban matando, yo digo que he sido fuerte, porque hubo muchas personas que durante el transcurso de la guerra y aun después de haber culminado; no resistieron a los recuerdos amargos y atentaban con su vida.

_ ¿pero qué hacían padrino?

_! bueno pechuca! ¡Se suicidaban! Agarraban una cuerda, la colocaban en su cuello y se ahorcaban; algunos en lugares públicos, otros en sus casas. No creas que esto fue fácil para mí.

Numerosísimos yugoslavos se negaron a aceptar el «nuevo orden» y lucharon con todos los medios a su alcance contra el invasor. La represión fué tremenda, y la fotografía muestra el trágico fin de un partisano, ahorcado en una farola.

243

CAPITULO XI

UN PADRINO CLASISTA

Recuerdo que una vez Rosa ya cuando se acercaba la hora de irse para su casa, estaba muy apurada y se fue por la parte del frente, ella nunca salía por ahí, yo como era tan solo una niña de 12 años, no entendía porque hacia esto, si por la parte de adelante, era mucho más rápido, de llegar al camino, que la conduciría a su casa. Cuando ya llevaba unos metros de haber salido e iba a cruzar la calle mi padrino se dio cuenta y con mucha rabia, le grito y le dijo:

_ ¡devuélvase ya! ¡Entre por el frente! ¡Pero salga por detrás! Rosa muy furiosa quiso replicarle de la actitud injusta y discriminatoria que él tenía para con ella, pero enseguida lewek dijo:

_ ¡no quiero nada de peleas delante de la niña! Y usted pechuca, no permita que la mujer que limpia la casa salga por la parte del frente, eso es inaudito ¡Por el frente solo la familia tiene derecho de salir! Lo bueno de Rosa era que no era una mujer orgullosa, en parte era beneficioso para ella y a la ves para él, ya que por un lado, ella no dejaba de ir a su trabajo y por el otro él tenía cerca a quien llevara a cabo los quehaceres de la casa y la que !le hiciera el amor¡

DESCUBRO EL ROMANCE DE MI PADRINO CON ROSA

Luego haber llegado de la escuela, con mi padrino, almorzamos en compañía de Rosa hicimos la sobremesa, por media hora. Ese día no hablamos mucho, Lewek estaba un poco impaciente, quería que yo tomara mi siesta de la tarde, yo no quería dormir, pero al ver su insistencia, tuve que hacerlo. Me fui al cuarto que él me tenía reservado para mí; me acosté, simulando que estaba dormida. Al rato el entra a mi cuarto y me dice susurradamente:

_ "Pechuca… ¿estas dormida? Me hice la loca y no le conteste. Se va enseguida, espere unos 20 minutos, y muy sigilosamente me levante y me fui a ver, que era lo que estaban tramando los dos. Me acerque a la puerta de su cuarto, cuando la intento abrir, tenía el seguro colocado, escuche un movimiento dentro de la habitación, me fui rápidamente a mi cuarto, hasta esperar que salieran, cuando lograron salir, ella le dio un beso a él en la boca y en ese mismo instante yo salí, para mi sorpresa me encontré con esa desagradable situación para mí, ya que yo esperaba en mi mente de niña que yo debía ser la fuente de atracción del lugar y rosa tal vez sería un obstáculo ¡mi inocencia de niña! Jajajajaja. Me fui a mi cuarto, me lance a mi cama y me cubrí con una sábana la cara para que él no me viera. El entro y me dijo:

_ Pechuca no se moleste… ¡que en nuestra relación de padrino y ahijada no habrá nadie que interfiera, no se le olvide eso jamás hija! Comenzó a hacerme cosquillas y al rato mire a Rosa con rabia, me fui a la sala y desde ahí escuche que él le dijo:

_ ¡está viendo que la niña vio! ¡Que yo no quería que ella vea esas cosas de adultos! ¡Váyase de la casa inmediatamente! Ahora que soy una mujer madura me da tanta risa esa situación, porque mi padrino Lewek prefirió dejar a un lado, su romance con Rosa, su comodidad de tener la casa acogedora y aseada solo para que yo fuera feliz. A los días Rosa volvió como siempre, en busca de trabajo, porque no conseguía en ningún lugar o tal vez sí, pero no ganaba lo mismo, que le pagaba Lewek.

UN VIEJITO UN POQUITO RACISTA

Era un día sábado. Mi mama y mis hermanos irían a una reunión formal, en la que no podría ir yo, por ser tan solo una niña de 12 o 13 años aproximadamente. Me iba a quedar en casa de mi padrino, ese día por casualidad de la vida, Rosa necesitaba quedarse ya que se había presentado un problema familiar, del cual no recuerdo en este momento. Eran las 7 de la noche cuando Rosa se acercó a la casa de mi padrino. Suena el timbre en la puerta, mi padrino responde:

_Un momento por favor, yo estaba viendo la televisión. Recuerdo que veía un programa muy famoso en mi país, llamado sábado sensacional. Mi padrino pregunta:

_quien es

_soy yo… Rosa.

Lewek abre la puerta y le pregunta:

_ ¿Qué haces tú aquí, a estas horas de la noche?

_lo que sucede es que se me presento un percance familiar y no sé, donde quedarme. Me preguntaba si tú estabas dispuesto a darme por hoy posada hasta que yo mañana pueda resolver.

_bueno… vamos a preguntarle a Pechuca a ver qué opina.

Rosa entro a la casa, ya que estaba en el porche Lewek me pregunta si estaba dispuesta a compartir mi cama con rosa. Yo como era una niña que no conocía la discreción le dije a mi padrino, pero padrino ella no es su novia… ¿Por qué no duerme usted con ella?

Mi padrino enseguida respondió:

_ ¡NO ES CORRETO Pechuca! Además usted está aquí en la casa, no es bueno que yo haga eso.

Le respondí:

_ Está bien; que se quede, que duerma conmigo.

Yo no me hubiese molestado que mi padrino se quedara a dormir con Rosa, porque ya sabía que lo de ellos dos era solo una relación sexual, que mantenían a escondidas.

Seguí viendo mi programa favorito de televisión, luego de un rato, se presentó La cantante de música SALSA más famosa del mundo; la ya fallecida CELIA CRUZ, ¡Me encantaba mucho la música de esa mujer! De repente Lewek con su actitud un poco racista, comenzaba a decir:

_ ¡Cambia ese canal PECHUCA! ¡QUITA ESA NEGRA TAN FEA DE LA TELEVISION! ¡SE CREE QUE HACE BIEN Y LO QUE ESTA SIENDO ES EL HAZME REIR EN LA TELEVISION! A mí me daba mucha rabia que se expresara de esa forma con una señora con tanto talento y extrovertida, como Celia Cruz, así que por maldad le subía el volumen al televisor por chocancia, para que se molestara un poco más, aunque no debía abusar tanto claro; ya que el aparte de estar sordo de un oído y tener que colocarse audífonos para escuchar mejor, tenía problemas del corazón, Rosa me lo recordaba diciéndome:

_Pechuca acuérdate que él tiene su corazón delicado.
Yo enseguida le bajaba volumen. Aunque él fue un poco clasista y también racista, yo creo que lo de racista no lo era tanto, ya que mi mama es de piel negra, y en ningún momento llegó a discriminarla.

Nos despedimos de mi padrino para disponernos a dormir y una vez que entramos al cuarto, ella me dijo:

_ Pechuca te voy a contar un secreto pero ¡no le vayas a decir a nadie! ¡Debes guardar el secreto! sabes que me gusta un hombre, desde hace mucho, pero el hombre me transmite ciertas dudas. Te voy a decir otra cosa Pechuca ¡cuida bien esa concha de ajo, no se la vayas a dar a un hombre si no se la merece! Yo le pregunte a Rosa:

_ ¿porque tú le dices concha de ajo? Ella me respondió:

_ Porque siempre huele mal, jajajajaja.

Cuando Rosa me dio esa información, me quede sorprendida, no sabía que decir, yo jamás dije nada hasta este momento que estoy relatando esta historia, por un momento creí, que ella amaba a mi padrino, pero me equivoque, aunque no se lo reprocho, ya que si bien es cierto, mi padrino siempre me llego a tratar como una princesa en todo momento, no se puede tapar el sol con un dedo, al callar todas las humillaciones que le hizo pasar Lewek y eso ¡porque era la que limpiaba! no me quiero ni imaginar, si Rosa hubiese sido negra ¡terrible como la fuera tratado mi padrino! Y lo de la concha de ajo, después supe a qué se refería, aunque por mi inexperiencia e inmadurez cometí ciertos errores, que ahora, estoy segura no los haría.

CAPITULO XII

MI PADRINO ME CUENTA SU SALIDA DE LA GRANJA DE SUS PADRES A LA CIUDAD

Era un día como todo los demás, yo venía de la escuela, con mi padrino que era quien se encargaba de buscarme, ya que mi mama se le hacía un poco difícil hacerlo, fuimos a la casa, como era de costumbre, ya tenía mi comida servida, luego de terminar de almorzar, que estábamos haciendo la sobremesa, me dijo:

_pechuca usted tiene que estudiar mucho, para que cuando sea grande se sepa defender en la vida, o si no aprende de la forma más perfecta posible un arte que le permita valerse por sí misma, para toda la vida. Como yo, que aprendí el arte de la sastrería por "MEDIO DEL ESTUDIO" todo lo que se, después de vivir en una granja donde era muy feliz, no lo puedo negar. Me mude a la ciudad donde pude alquilar un local, para trabajar de sastre, adaptarse a los cambios es difícil, pero ver el fruto, producto de tu esfuerzo, es más gratificante. Pechuca otra cosa que usted debe saber es que debe procurar buscar la estabilidad económica primero que todo, lo demás viene después, ya que si hace las cosa al revés, lo que traería para su vida serian penas y frustraciones, haciéndote preguntas como: ¿Por qué el sí y yo no? En algunos humanos la envidia se apodera de sus mentes de tal forma, que son capaces de destruir a otros e inclusive, destruirse a sí mismos ¡NO SE LE OLVIDE JAMAS ESO PECHUCA!

Yo le pregunte:

_ Padrino, pero ¿porque razón las personas son así? No sé, hija, tal vez sea porque es la naturaleza humana, o porque Adán y Eva comieron la fruta del pecado…SINCERAMENTE NO LO SE. Bueno Pechuca como te decía, yo trabajaba en la ciudad de sastre, ganaba muy bien, salía con mis amigos ¡disfrutaba la vida! ¡Era un hombre muy feliz! Recorría los lugares más bellos de mi ciudad en compañía de mis novias.

_ Padrino y ¿Cómo eran sus novias?

_ Pechuca tu sabes. Acuérdate del álbum que te he enseñado.

Se paró de la mesa y fue a buscar el álbum, había olvidado que realmente eran hermosas; claro, era obvio ya que mi padrino de joven era un hombre muy guapo. Cuando me trajo el álbum comenzó a mostrármelo por segunda vez. A mí siempre me gustaba que él me mostrara las fotos de su álbum, ese día recuerdo que comenzó a contar las novias llegando a contabilizar 6 novias, aunque mi padrino no era un hombre mujeriego, me dijo que no duraba con las novias que llego a tener, sencillamente por la distancia, o que algunas se iban a mudar a otras ciudades. Me dijo:

_"pechuca la distancia a veces es enemiga del amor y de los recuerdos; porque en algunos casos pareciera que se nos olvidara lo bonito que se pudo vivir con la otra persona"

CAPITULO XIII

CUANDO TU PROPIO HIJO TE ROBA

Se estaban comenzando a perder muchas cosas en la casa mi padrino sentía sospecha de una sola persona; era de su hijo, Ricardo. Ya que los que entraban a todos los espacios del hogar eran mi padrino, su hijo y yo era imposible creer que una niña de doce años como yo; que era muy tranquila; se le ocurriera hurtar tan siquiera un objeto pequeño que perteneciera a Lewek. Pero no solo eran cosas pequeñas; sino también objetos que se necesitaban de la fuerza de un adulto para poder extraerlos. Recuerdo que mi padrino lo enfrento diciéndole:

_ ¡eres una vergüenza! a quien se le podría ocurrir siquiera en pensar y mucho menos de proceder a tomar lo que es de otro. Eso no es bueno; estas procediendo de mala fe hijo porque lo haces, ¡eres una deshonra!

No quiero justificar a Ricardo por lo malo que hacia; pero yo al tiempo me di cuenta, que él fue el resultado de una aventura pasajera; que según mi madre él había tenido con la madre de RICARDO y aparte de eso mi padrino nunca le dio el amor o el afecto que un padre debe darle a su hijo; aparte de eso su madre no tenía fundamento para estar pendiente de él; más que sus propias aventuras pasajeras con hombres que no la respetaban; porque ella no se daba a respetar como una dama con su hijo; como debía ser. No obstante creo que, mi padrino en su consciente, estaba claro que era así; porque con el tiempo lo perdonaba y el hijo podía tener acceso a la casa. En lo económico no se puede negar que Lewek estuvo pendiente de comprarle la comida, sus juguetes, hasta le hacia sus trajes; era tan solo un niño cuando lewek seguía asumiendo sin menoscabo la manutención, situación que él solventaba, tanto así; que años después lo vi, y estaba vestido con ropa de vestir; al mismo estilo como lo vestía mi padrino. Hay personas que dicen que "el que quiere ser va hacer y ya" independientemente de lo que tenga de donde venga, o de cómo lo traten: yo soy de las que piensa; que la ciencia no se equivoca, en cuanto a los estudios psicológicos de la persona; se refiere sobre la ausencia del padre cuando es hija y la ausencia de la madre cuando se tiene un hijo: se le llama síndrome **de Electra y síndrome de lipo.** Posiblemente si Ricardo hubiese tenido una mejor atención de su madre; otra fuera la situación.

CAPITULO XIV

JOSE MORA, AL QUE MI PADRINO QUIZO, COMO UN HIJO

Quise dedicar este capítulo al señor José, mostrando una foto de muchos años atrás, cuando cumplía servicios en el ejército venezolano, este digno compatriota conoció a mi padrino, cuando emigro del estado Táchira, buscaba mejores oportunidades de crecimiento financiero, en el estado CARABOBO. Y por ello necesitaba, algún lugar para arrendar y poder cumplir sus sueños. Conoció a mi padrino, quien al igual como lo hizo con mis padres, le facilito un espacio en su casa, donde pudiera vivir mientras lograba cumplir sus metas. Hubo una amistad, tan grande, entre ellos, que existió un gran afecto el uno por el otro. Transmitiéndole a su vez mucha enseñanza, de cómo debía conducirse en la vida, comportándose a la altura, de acuerdo a las circunstancias que se le presentaran, sin rendirse, sin lamentos, sin mirar atrás y sin tenerle miedo a nada ni a nadie. Entre tantas cosas que le dijo, una de ellas fue: "José casa es fundamento" buscaba inculcarle el valor, de tener su hogar propio, en el cual pudiese disfrutar de su vejes, sin que terceras personas pudieran interponerse en su vida, eso lo motivo a trabajar incansablemente, hasta lograr su objetivo. José, comenta; que su gran amigo Lewek decía que como le hubiese gustado haber tenido un hijo como el, ya que su hijo RICARDO nunca se comportó como él hubiese querido, como un padre con valores y principios desea que se comporte; su hijo. Es más, en su lecho de muerte dice José, que en ningún momento Ricardo soltó una sola lágrima, lo que parecía creer, que nunca lo quiso de la forma que debió quererlo, ¡es algo que yo desde siempre pude notar! Mi padrino le decía, que a la hora de elegir a una mujer, debía saber qué mujer elegir, ya que si no lo hacía de la forma correcta, lo que traería a su vida, serian dolores de cabeza, si la decisión fuera la última antes mencionada, era mejor que buscara **damas de compañía**, que le pudieran calmar el deseo sexual. Aunque en mi criterio como mujer, no comparto este punto de vista, ya que tanto en hombres como en mujeres; existen personas malas y buenas, lo que hay es que saber buscar. Por suerte José con el tiempo logro conseguir una gran mujer.

La información que le pudo facilitar a mi esposo, el señor José, me sirvió de gran ayuda, para la ampliación de esta historia, que permitirá al lector que este libro, sea más emocionante. En la actualidad el señor JOSE tiene un museo popular y de cierta forma; por medio de sus revistas, que dan un extenso y largo recuerdo sobre la segunda guerra mundial, contada en muchos casos; por sus protagonistas. Estas revistas tienen, unos 40 a 50 años de antigüedad y me permitieron ampliar mucho más mis conocimientos, en relación al suceso bélico que cobro la vida de millones de personas a principios del siglo IXX. En su museo también conserva condecoraciones que datan de la segunda guerra mundial, así como balas de guerra, en forma de exhibición.

El señor José es también un amante de la filosofía, la poesía, el arte, aparte de ser un inventor artesanal, de cosas u objetos, que pasan de ser inservibles a tener un uso artístico. En su museo guarda escrituras, creadas por el mismo, que motivan a ser leídas con pasión, con entrega y con mucho amor.

José mora, en la actualidad, en su atractivo y mágico museo (img1)

Fotos antiguas, que nos trasportan al pasado de cómo fue los medio de transporte, así como también de equipos de beisbol (img2)

RELOJES Y CUADROS DE LA ÉPOCA (img3)

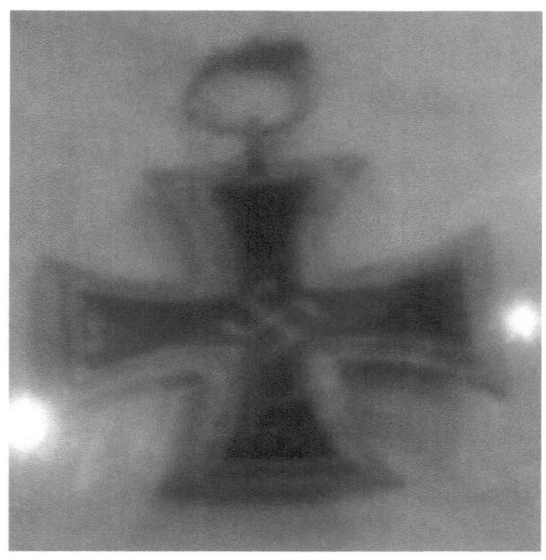

CRUZ CON EL SINBOLO NASI (Img4)

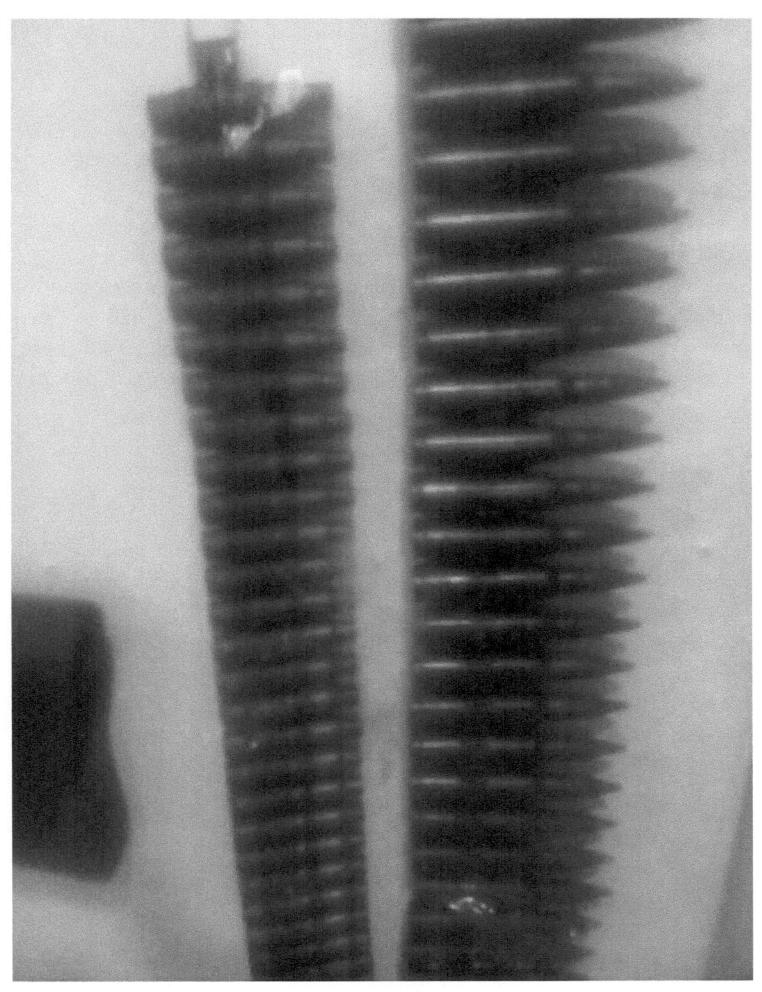

BALAS DE FUSIL PARA USO BÉLICO (Img5)

CAPITULO XV

UN PADRINO PREOCUPADO POR SU AHIJADA

Había cumplido mis 15 años; para ese entonces, a mi padre no se le veía ni la sombra en el hogar; aunque no voy a negar que gracias a él; mi madre logro obtener esa casa gran casa donde he vivido por muchos años, con mi madre y mis 4 hermanos. Yo iba ocasionalmente a visitar a mi padrino; puesto que ya había culminado de estudiar en la escuela; realmente no era que no teníamos alimento; sino que él era exagerado en la alimentación. Yo había adelgazado un poco aunque mi madre trabajaba vendiendo ropa, sabanas vendía cera para pulir el piso, ella trabajaba duro y el dinero era bueno para comprar suficiente comida; recuerdo que un día le dije a mi madre; que iba a visitar a mi padrino Lewek y cuando me vio, me dijo:

_ Pechuca ¿usted está un poco flaquita?

Yo le respondí:

_ no padrino; yo me alimento de una forma normal, usted si es gracioso y exagerado, lo que pasa que yo en su casa como mucha comida y mucha chucherías "golosinas" ;eso implica comer chocolate , galletas de todo tipo, compotas ,corn flakes, azucaritas, por supuesto que en la casa de mi mama repartimos en partes iguales y aquí yo me lo como sola ,por eso y otras cosas me adelgace ,pero no se preocupe tranquilo, ni tan gorda ,ni tan delgada es bueno ,yo vuelvo agarrar peso ,usted sabe que yo siempre he sido de contextura delgada .

_Ya entiendo Pechuca; lo que sucede es que en su casa son muchas bocas que alimentar; usted no se alimenta lo suficiente; para verse bien. Ya tengo la solución vengase para mi casa quédese en el cuarto donde dormía antes cuando llegaba de la escuela.

Me dio mucha risa porque yo con la comida siempre he sido grosera, puesto que; comía, comía y no me sentía llena, lewek decía que yo era un barril sin fondo. Me fui a casa de mi madre y le conté la propuesta que me había dicho mi padrino; ella un poco triste dijo que estaba bien; ya que como en su mente estaba muy clara que a mí me hacía falta compartir con él y en cualquier momento ,ya el no estaría conmigo en vida y cuando suceda yo no volvería más a la casa de mi padrino ya no tendría razón de ser ; Ella luego de acceder para que yo me fuera a vivir en casa de mi padrino, agarré muchas de mis cosas y me fui para su casa, yo también había tomado esa decisión porque 2 meses atrás me había separado de una pareja con el que dure 8 meses de novio; pero un día llego drogado a la casa de mi madre; buscándome yo me puse muy nerviosa y ese día mi madre y mi hermano domingo lo sacaron de la casa a empujones hasta que logro salir. Durante los primeros 3 meses logre subir de peso, hasta verme hermosa, de verdad que yo era un poco grosera comiendo sin embargo me mantenía en mi peso normal.

Me llegue a deleitar desde las comidas venezolanas, que sabía hacer, hasta las fabulosas comidas polaca. Mi niñez la disfrute estaba muy hermosa; estaba alimentándome bien con todas esas comidas raras, yo aprendí a comer sano; me gustaba la ensalada, sopa, comer; legumbres, hortalizas con las comidas deliciosas y nutritivas; que hacia Lewek, con las frutas; como fresas y manzanas. ¡Estaba muy linda y cuidada!

EL DÍA QUE DECIDÍ QUE CARRERA IBA A ESTUDIAR

En un día tranquilo, estaba en la cocina con mi padrino, el me pregunta: _pechuca ¿Qué carrera le gustaría estudiar? Después que se gradué de bachillerato, porque figúrese usted hija, lo mejor es estudiar una carrera después que culmine el bachillerato, para que no pierda tiempo, como dicen aquí en este país; el tiempo perdido, hasta los santos lo lloran.

_ Bueno padrino… a mí me gustaría estudiar, esa profesión donde las personas utilizan casco.

_¿cuál es esa hija?

_los que se encargan de hacer edificios.

_ Ah ya se, que carrera me quieres decir, usted quiere estudiar Ingeniería civil, ellos se encargan de hacer edificios, pero para estudiar esa carrera usted tiene que estar consciente, que debe estudiar mucho la matemática.

_ ¿matemática? ¡Matemática no! ¡Yo detesto la matemática! prefiero estudiar otra cosa.

_ Jajajajaja… entonces; ¿qué otra carrera le gustaría estudiar?

_bueno padrino… a mí me gustaría estudiar enfermera.

La cara se le puso roja por un momento, se le borro la sonrisa de sus labios y me dijo:

_ ¡usted está loca pechuca! ¡Como se le ocurre elegir esa carrera! como que se pensara meter a golfa, eso es verídico hija, las que estudian esa carrera es porque son o quieren ser golfas, ahí sí que yo no comparto esa injusticia, con una niña tan noble y humilde, e inocente como usted. Existen muchas carreras elija otra carrera.

_ la otra carrera que me encantaría estudiar también es abogacía. Siempre me ha llamado la atención eso de defender a las personas que les vulneran sus derechos.

_esa carrera si podría estar a su altura, en esta carrera lo que principalmente tienes que hacer, es leer mucho las leyes ser un letrado. Saber todo cuanto sea posible amar a plenitud la lectura, que esta sea tu principal consejera tu amiga tu confidente; donde tú no la abandones a ella, para que ella jamás en la vida te abandone a ti.

_ me parece muy bien padrino, que me aclare el sentido a la realidad, tanto de lo que debería estudiar, así como de lo que no me recomienda que haga, porque he sabido de personas que estudian carreras que jamás le han gustado, por no informarse bien, de que trata. Usted es un buen consejero padrino, sus consejos me van a ayudar a futuro a estudiar la carrera más conveniente para mí.

_ Para eso soy su padrino pechuca, para guiarla en todo momento cada vez que las circunstancias lo ameriten, muchas veces en la vida, lo mejor es aprender de los golpes de otros, para que, cuando uno se golpee no le duela tanto, porque va a saber, como amortiguar el golpe, hay quienes piensan que hay que darse los golpes bien duro para aprender mejor, yo digo que si estamos precavido, con un plan que contengan un conjunto de ideas, mayor será el éxito que logremos, yo no pude estudiar porque mis padres no tenían los recursos, yo tuve que pagar para graduarme de técnico en sastrería. Pero usted si hija este país tiene muchas oportunidades, solo tiene que buscarlas.

Luego de esa conversación me marche a mi cuarto para tomar mi siesta de la tarde.

CAPITULO XVI

MI PADRINO EN UN ESTADO DELICADO DE SALUD.

Mi familia, mi madre a mi lado, mis 3 hermanos, mi sobrino Elías (bebe) y yo de blusa blanca, mi hermana y madrina Angie no se encuentra en la imagen.

Corría el mes de Noviembre del año 1995 hacía tres meses de haber nacido mi sobrino Elías hijo de una de mis hermana llamada Gloria .Cuando mi padrino Lewek se presentó al Hospital González plaza, en un estado delicado de salud; le había dado un pre infarto un amigo llamado José Mora lo llevo al hospital en un vehículo que mi padrino había comprado hacía 5 años atrás.

Me vienen imágenes vagas por mi cabeza pero puedo recordar aquel momento que estaba mirándolo desde la entrada del estacionamiento que pertenece al hospital mientras que el me miraba desde el primer piso alzando la mano y con una mirada triste y vacía pero imitando cierta alegría por verme desde la ventana de su cuarto y que a mí no me permitían entrar a las instalaciones por ser una menor de edad. En ese momento faltaban aproximadamente unas horas para practicarle una operación a corazón abierto, posteriormente lo llevaron a la sala de operaciones, gracias a Dios la operación fue un éxito. Luego de haber permanecido bajo del cuidado de las enfermeras y la supervisión de los médicos de turno durante 3 meses; fue dado de alta, bajo las siguientes condiciones:

1) llevar una alimentación balanceada

a) No fumar. B) No comer grasa (frituras)

2) Estado anímico : a) controlar la rabia b) la tristeza c) las alegrías excesivas " controlar sus emociones extremas "

Una vez que a mi padrino le dieron de alta en el hospital , yo era una de las personas que estaba pendiente de mi padrino , aparte de hacerlo mi mamá y Rosa . De parte de su hijo Ricardo lamentablemente y para desdicha de mi padrino jamás llegó a estar al cuidado de lewek; únicamente iba cuando la necesidad lo obligaba a ir para recibir su manutención , cabe destacar que Ricardo para aquel entonces tenía 23 años y nunca desde que tengo uso de razón, se puso los pantalones para terminar de aceptar que ya era un hombre y no un niño malcriado al que todo se lo dan , lastimosamente está situación lo dejaba a el mal parado ,como el propio retracto de un parásito y a mi padrino lo ponía triste y decepcionado de la vida ,ya que en el fondo quería ,deseaba ,anhelaba tener un hijo como José Mora quien en su momento llego a estar pendiente de mi padrino .

En ese mismo tiempo cuando yo estaba pendiente de él yo lo veía fumando a escondida le reclamaba:

_ ¡lewek que pasó estás fumando! Y se puso nervioso

_ pechuca es que yo estoy acostumbrado a fumar y si no lo hago me voy a desesperar, para dejar de fumar es un poco complicado, lo más recomendable es fumar un poco y usted me controla los cigarros.

_ me parece buena idea, y yo te guardo la caja. Tuvimos que llegar a ese acuerdo que el mismo me sugirió, a los pocos días para mí sorpresa lo vi sentado en la cama con un pedazo de papel marrón de bolsa de pan haciéndose una especie de cigarro con todas las colillas usadas; espere que lo terminará de hacer y cuando lo encendió lo sorprendí.

_ ajá ¿ que estás haciendo ? se puso nervioso cayéndole en la cama el cigarro como el usualmente tenía un vaso de agua en la mesa de noche tuvo que echársela para que no se le prendiera, a mí me dio rabia , impotencia, de ver lo irresponsable que era con su salud debía cuidarse para mí, decía yo , pero el vicio pudo más y ese acto hizo que me diera risa cuando en si quería formarle su lío , sin embargo no se salvó de decirle lo siguiente ;

_ así te vas a enfermar otra vez y yo no quiero que te vayas a morir , yo lo quiero mucho , no me haga eso . Lewek me respondió:

_ Mi pechuca es que ya estoy acostumbrado, ya estoy viejo y la nicotina para mí es una adicción difícil de quitar por mi edad, yo aunque sea debo de fumar un poquito y lo apagó para calmar la ansiedad. Pensé que era razonable , sin embargo le dije :

_ pero no te voy a dar la caja solo un cigarro y usted lo administra para que le dure dos días ya que a veces se fumaba más de 3 cigarros al día ;no obstante a veces lo veía nervioso calculaba que podría haber pasado, pero no insistí para que no cayera en la desesperación , preferí tener la caja de cigarros que a la final entendí que no estaba haciendo nada ya que al fumarlo de diferente formas igualmente lo perjudicaba a nivel de salud . Y yo pensaba que estaba salvándolo que ilusa fui, me imagino que él se reiría de mi ignorancia en aquel tiempo. Jajajaja.

CAPITULO XVII

LA TRAGICA MUERTE DE ROSA

Sucedió el 14 de diciembre de 1997, ROSA era una mujer que tenía dos amantes aparte de mi padrino, era una mujer muy alegre y se le respeta. Se supo por informaciones oficiales de la prensa la policía, que uno de los hombres con los que salía, descubrió que ella mantenía un romance con otro sujeto, que no era mi Padrino. La relación que mi padrino había tenido con ella, era algo muy difícil de descubrir, ya que mi padrino, que si bien era cierto, de joven era muy guapo, era imposible pensar por un segundo, que Rosa mantenía relación con él, por ser muy viejo, la única forma que se supiera era que ella misma lo dijera, o aquellas personas que tenían acceso a la casa, comentaran algo al respecto. En definitiva a Rosa mientras que iba por la calle, un sujeto armado la asesino sin ninguna compasión, según algunas personas, ella suplicaba por su vida, para que no la fueran a asesinar. Es difícil pensar que una persona tan dulce como Rosa, pudiera morir en tales circunstancias, solo por el hecho de ser una mujer alegre, hay quienes dicen uno la mujer, psicológicamente hablando, tienen más aguante, en cuanto a separaciones se trata, a diferencia del hombre que le es más difícil superar una separación y mucho menos una perdida. Para muchas sociedades la mujer liberal es tildada de golfa, cuando se trata de tener varias relaciones al mismo tiempo, mientras que el hombre cuanto más mujeres tenga en el momento, o haya tenido a lo largo de su vida, mas macho será.

Rosa desde mi parecer, fue una gran mujer, independientemente de lo sucedido, porque todos cometemos errores, lo que me gusto de ella era su espíritu de lucha, el sentido humanista, que mostraba ante los demás, su tolerancia, porque no voy a negar que mi padrino a veces no dejaba de comportarse como un ogro con ella; independientemente de cómo pudo haberse comportado conmigo. De tantas virtudes que tenía mi querida Rosa, jamás voy a olvidar, que se ganaba la vida honradamente, sin que pasara por un instante, ir a hurtar o robar a otra persona, ni si quiera lo llego hacer con

Lewek, que irónicamente el hijo le robaba (Ricardito); quien era su propia sangre.

CAPITULO XVIII

LA MUERTE DE MI PADRINO.

Habían pasado 3 días después de la muerte de Rosa , estábamos muy triste yo me había levantado para bañarme e ir hacerle compañía y compartir con él, porque sabía que estaba un poco dolido por la ausencia de ella ya que yo también me sentía muy triste .Sin embargo fue inesperado la llegada de unos vecinos por la cuadra de mi padrino ,me llamaron obviamente para darme una mala noticia, esperaron que me vistiera y cuando me digne a salir para ver qué pasaba ; mi mama y las personas me comunicaron:

_hija ellos vinieron hasta acá para avisarnos que lewek falleció, en realidad no lo quería aceptar, pensé que era mentira, yo le decía:

_ Pero si yo lo deje bien, estaba; tranquilo. No entiendo, no puede ser, yo lo quiero ver, no puede ser Dios mío, !no puede ser¡ Como paso eso¡ y empecé a llorar , se me salían solas las lágrimas , yo aún mantenía la fe ; sentía que era una equivocación que él podría estar vivo . Yo le pedía a Dios que fuera mentira , pero cuando me explicaron que lo trasladaron a la funeraria porque él tenía todo pago ,hasta el entierro ; ya que tenía todo listo ¡ no sé cómo llegue a la funeraria, quien nos llevó, mi mente sufrió un shock psicológico o emocional , lo que si me consterno cuando entre al cuarto o sala donde le toco estar y quede impactada al verlo en el ataúd , mi padrino murió ,después de tanto sufrimiento desde la segunda guerra hasta los momentos que fueron indiscutiblemente inolvidables lo que vivimos , lo sentía más que un padrino , lo veía como el padre que nunca tuve conmigo , el si me apoyo, fue para mí todo ; dure toda la noche ahí a su lado, Ricardo estuvo en la funeraria contándoles a las personas como murió Lewek, a mí me causó asombro en el momento que empezó relatar pues tomasek; era de levantarse muy temprano, resaltando lo siguiente: se levantó se tomó el café ,se desayunó casi enseguida se fue a recostar ,al mucho rato ,entro al cuarto, en el instante que lo toco estaba frio; ya había muerto y el empezó a llamar a la funeraria para confirmar lo ya mencionado, porque Lewek tenía todo arreglado en el momento que ya no estuviera en vida y así sucedió, Dios decidió que el partiera de este mundo fue muy triste, nadie se imagina el dolor que causo en mi ; cada minuto ,cada segundo por muchos días , meses y años el superar este rato tan desagradable , lleno de mucha lágrimas, y sufrimiento. Al día siguiente como a las 10:00 de la mañana salía el carro para llevarlo al cementerio de valencia, nos montamos y partimos hacia el sitio, en el momento que lo iban a enterrar agarre una rosa de la corona de flores, me hinque para despedirme, mi mama estaba nerviosa que yo me desplomara a llorar, eso me molesto de cierta forma en ese momento solo quería entregarle la rosa como muestra de mi amor sincero y mi enorme gratitud. Camino a mi casa decidí acostarme a dormir y olvidar que el mundo existe; yo jamás pensé que la muerte de algún familiar doliera tanto, no lo había vivido tan fuerte.

CAPITULO XIX

MEDIDAS TOMADAS POR RICARDO

Ricardo se había quedado con todo e inclusive con unas cosas que mi padrino me regalo en realidad no me importa nada de eso, yo sentí y así fue el no pisar esa casa más nunca, mi estadía allá obviamente era por mi padrino el no estar en vida, mi presencia no tenía nada que hacer en ese sitio, llego el fin o cerrar ese ciclo que solo me mantenía en ese hogar. En virtud de las agallas que tenía ese chamo, llegó para quedarse enseguida en dicha casa, tenía una novia se casaron y se fue a vivir para allá, sin embargo no tuvo un matrimonio feliz ya que fue un hombre maltratador la golpeaba, la moreteaba, ellos llegaron a tener dos hijos .Duraron de casados aproximadamente 2 años, no obstante, ella después se obstino de tanto maltrato agarro sus maletas y se fue con sus hijos. Él se sucumbió más de lo que estaba en las drogas y se supo por los vecinos que muchas cosas que estaban en esa casa en las vendía a cambio de drogas literalmente dejo la casa sin nada. Después que su papa lucho, trabajo y se sacrificó para darle una vida decente el prefirió el vicio, no era una buena persona y es lo más lamentable ya que su papa fue un ejemplo a seguir, pero prefirió su vida de desastre que él pudo sostener con todo lo que le dejo su papa, pero no fue así y pago las consecuencias que el mismo formo.

CAPITULO XX

EL ÚLTIMO DÍA QUE RICARDO LLEGO A LA CASA DE MI MADRE LUEGO DE LA MUERTE DE LEWEK.

Estábamos reunidos en la casa todos mis hermanos en conjunto con mi mamá eran las 6:30 de la noche cuando observamos que había llegado una camioneta pickup de color gris, enseguida nos percatamos que era el carro de Ricardo hijo de mi padrino que estaba de visita ,nos asombró sin embargo se recibió de lo más normal sobre todo mi mamá ; porque quería saber cuál era el motivo de su llegada, de mi parte yo rápidamente entre no quería recibirlo me incomodaba su presencia, en definitiva mi madre enseguida dijo las siguientes palabras:

_ ¿qué raro este por aquí ? !el viene por algo¡ ! debe tener algún interés de por medio¡ Entro e hizo un saludo a todos en general después que se sentó al rato de haber conversado pregunto por mí , a mi mamá ,ella le respondió que estaba adentro acostada y pidió que me llamarán si no estaba dormida que quería pedirme un favor , yo en si no quería salir porque me sentía predispuesta sin embargo, lo hice para cortar de raíz cualquier acercamiento de Ricardo hacía la familia sin saludarlo si quiera, me fui al grano y le pregunté qué quería ,todos me vieron la cara por lo cortante que fueron mis palabras , él también se sonrojo pero por mi sequedad ,el con su cara de cínico pregunta:

_ hola pechuca ,buenas noches yo quería saber si tú sabes la receta de las palomas ya que nunca aprendí hacerlas con lewek y mi esposa desea comerlas, puedes facilitarme la receta , le respondí de la siguiente manera , lewek me enseñó a mi hacerlas ,si en el tiempo que estuviste no aprendiste con él, yo menos te enseñaré !si se cómo se hace¡ !pero la receta no te la daré¡ no tuvo palabras, ahí mi mamá le respondió pero haz un simulacro y le dices que así las hacía tu papá y ya , todos se empezaron a reír ,lógicamente ya comenzaba asentirse incomodo su rostro lo delataba , luego me hizo otra petición esta fue ya de manera impositiva y predispuesta de su parte diciendo :

_ ahhh y otra cosa necesito saber si tú tienes el libro del Padrino que lo necesito para que me lo devuelvas ya que era de él y ! quiero tenerlo para mi ¡

No me aguante y le dije:

_mira te voy a decir lo siguiente si vienes por el libro del Padrino puedes irte porque no pienso darte, el libro el me lo regalo a mí y conmigo se queda, es lo único que me quedo de Lewek aparte de los gratos recuerdos que llevo en mi memoria, Ricardo enseguida dijo:

_bueno yo vine por eso, si no me lo das entonces no tengo nada más que hacer aquí, chao a todos familia que pasen buenas noches, desde ese día no volvió más, allí se evidencio la visita de él tan desconcertante hacia la casa y cuál era su intención obviamente, presentí que una de las dos cosas él quería y deduje que todo era un interés de por medio.

CAPITULO XXI
AÑOS DESPUÉS.

Ya han pasado 23 años de la muerte de mi padrino y aún conservo en mi mente los gratos recuerdos que viví a su lado , sin dejar de mencionar todo lo que aprendí gracias a él ; como la tan anhelada receta de las palomas polacas, que tanto deseaba Ricardo, así como también le debo mi manera de ser ,la forma en la cual me enfocó, para realizar mis metas y proyectarme hacía el mundo; poniendo como prioridad, el estudio, ya que mi padrino siempre me decía que era necesario y nunca lo olvidé. Gracias a la educación, fue que se salvó durante la segunda guerra mundial, es increíble, para quien no tiene fe en el estudio, pero para mí, no lo es, ya que gracias a él me motive a estudiar una carrera universitaria y me ha abierto las puertas para grandes y mejores ideas que ni yo, ni mi familia pudieron creer que llevaría a cabo. Soy la única de mis hermanos que quiso estudiar una carrera universitaria y culminarla.

En el año 2020, pase en un carro frente a la casa que fue de mi padrino, me di cuenta que estaba igual a pesar de los años, pude notar que vivían otras personas, esto me hizo creer que Ricardo o vendió el inmueble o lo colocó en alquiler. Hace aproximadamente 7 años; lo vi; estaba obeso, no lo reconocía si no fuera porque me saludó; juraría, que no era él. Se acercó a mí diciendo:
_ "soy yo, el hijo de Lewek" ¿No te acuerdas de mí? Le respondí el saludo, y seguí mi camino, diciendo "estoy apurada".

En ese mismo tiempo mi hermano lo vio diciéndole que me convenciera, para que le entregue el libro y le diera la receta de las palomas. Ahora sacando mis conclusiones, digo "hay gente que nunca cambia".

Espero que lewek, Dios lo tenga en su Santa Gloria. Desde el cielo se sienta muy feliz y dichoso de este homenaje que le hice, y que yo sea su ahijada,

porque para mí él es y siempre será desde lo más profundo de mi corazón...
MI PADRINO.

BIBLIOGRAFIA.

WIKIPEDIA. Enciclopedia libre (Google):

Tratado de Versalles

Imágenes bibliografía de Hitler

Revista: "Así fue la Segunda Guerra Mundial"

Edición. 1980

Editorial. Anesa Noguer. Rizzoli

Printed by Books on Demand GmbH, Norderstedt / Germany